6 マネジメント基本全集
The Basics of Management

技術経営 Management of Technology
テクノロジー

技術戦略とMOT

根本 孝・歌代 豊 編著

学文社

執筆者紹介 （執筆順，現職・執筆担当・主要著書）

根本　孝（ねもと　たかし）　明治大学経営学部教授　第1・2・3章担当及び編者
「グローバルR&D戦略」諸上茂登・根本孝編著『グローバル経営の調整メカニズム』文眞堂，1996年，pp. 131-146
「在日外資系企業のR&Dネットワーク戦略」権田金治編『テクノロジーマネジメント事典』産業調査会，1994年，pp. 599-606
『グローバル技術戦略論』同文舘，1990年

下山　聖美（しもやま　きよみ）　文京学院大学兼任講師　第4・5章担当
「研究開発における創造的コラボレーションの一考察」『第40回研究部会』経営行動研究学会，2001年
「IT革命と技術マネジメント」『国際経営を学ぶ人のために』（共著）世界思想社，2001年
「製品イノベーションにおける機能マネジャーの再評価」『経営学研究論集第18号』明治大学，2003年

坂本　雅明（さかもと　まさあき）　富士ゼロックス総合教育研究所コンサルタント　第6章担当
『バランス・スコアカード経営実践マニュアル』（共著）中央経済社，2004年
『バランス・スコアカード経営なるほどQ&A』（共著）中央経済社，2002年
「東芝：二次電池産業における事業化への挑戦と撤退」『一橋ビジネスレビュー』，2004年，AUT．東洋経済新報社

歌代　豊（うたしろ　ゆたか）　明治大学経営学部助教授　第7章担当及び編者
「情報ネットワークと企業間コーディネーション～ECは企業間関係をどのように変えるか」『企業会計』Vol. 50, No. 3, 1998年3月, pp. 42-48
「アーキテクチャ創造企業の萌芽～スタンダード競争からアーキテクチャ競争へ」『三菱総合研究所所報』No. 42, 2003年11月, pp. 80-100
「製品開発プロジェクトとPBSC」小原重信・浅田孝幸・鈴木研一編『プロジェクト・バランス・スコアカード』所収，生産性出版，2004年

永野　仁（ながの　ひとし）　明治大学政治経済学部教授　第8章担当
『大学生の就職と採用』（編著）中央経済社，2004年
『MBA人材マネジメント』（共著）中央経済社，2002年
『日本企業の賃金と雇用』中央経済社，1996年

桐畑　哲也（きりはた　てつや）　奈良先端科学技術大学院大学助教授　第9章担当
『ナノテク革命を勝ち抜く』（編著）講談社，2005年
「新技術ベンチャーにおけるデスバレー現象」『JAPAN VENTURES REVIEW』No. 6, 日本ベンチャー学会，pp. 25-34
「大学発ベンチャー育成とベンチャーキャピタル」『三菱総合研究所所報』No. 42, 三菱総合研究所

久保　浩三（くぼ　こうぞう）　奈良先端科学技術大学院大学教授　第10章担当
『ナノテク革命を勝ち抜く！』（共著）講談社，2005年
『知的財産活用による地域振興モデル』Law & Technology No. 24, 2004年
『図解公開特許活用法』日刊工業新聞社，1999年

茂垣　広志（もがき　ひろし）　横浜国立大学経営学部教授　第11・12章担当
『グローカル経営』（共著）同文舘，2004年
『国際経営を学ぶ人のために』（編著）世界思想社，2001年
『グローバル戦略経営』学文社，2001年

はしがき

　IT（Information Technology：情報技術）やバイオテクノロジーの急速な発展の中で技術経営あるいはMOT（Management of Technology）への関心が高まり，世界の大学等で新たなMOTコースが新設されてきている．

　そうした背景には，技術が企業のグローバルなメガ競争の中で中心的競争要因となりつつあることも大きく影響している．それは一企業のみならず，国家の政治経済政策においても重要なファクターとなり，"技術外交"も重要な政治課題となっているのである．

　産業界においては成熟する多くの業界で新たな技術革新，新たな技術創出が期待され，ベンチャー・ビジネスや産業連携にも焦点が集まっている．

　さらには技術競争の激化は特許をはじめ知的財産権の重要性を高め，知的財産のマネジメントが企業業績にも大きな影響を与えるものとなってきている．

　こうした状況認識や課題の解決は技術系のみならず，文系および経営学にとっても重要なテーマであることはいうまでもない．企業が技術をいかにマネジメントするか，すなわち，技術経営（MOT）の全体像とその重要トピックスについて，この第6巻で考察することにしたい．

　第Ⅰ部「技術競争と技術経営」では技術要因を中心とするメガ競争への転換の中でどのように技術経営への発展がなされてきたか，そして技術戦略の基本課題は何かを検討する（第1章）．その上でグローバル技術戦略，その中核である海外研究開発拠点の問題を考察する（第2章）．さらに技術経営とイノベーションの問題を取り上げ，今日話題となっているビジネス・モデルそしてブラック・ボックス戦略との関連を検討しつつ，日本型技術経営の特徴と課題を検討する（第3章）．

　第Ⅱ部「技術戦略と連携マネジメント」では技術優位獲得のための技術提携を取り上げ，その意義や類型，そのマネジメントを検討する（第4章）．そして産業の成熟化の中で世界各国の政策として支援・促進が進められている産学

連携の日本の特質やマネジメントの課題を考察する（第5章）．

　第Ⅲ部「R&Dマネジメント」では，まず研究開発戦略の意義と発展の経緯をたどり，そのうえで研究開発戦略の内容とその実践課題を取り上げる（第6章）．そして研究開発の組織化の考え方，組織形態について考察する（第7章）．さらに研究開発部門とりわけ研究部門での人材の採用と育成，評価と処遇を中心に人材マネジメントを検討する（第8章）．

　第Ⅳ部は，最もホットなトピックスである「知的財産権マネジメント」である．まず企業全体の知的資本における知的財産の位置づけをし，技術経営における知的財産の役割，その保護・活用の問題を検討する（第9章）．そして特許に焦点をあて，具体的な特許調査，出願・権利化のプロセスなどを考察する（第10章）．

　第Ⅴ部「ものづくりのマネジメント」では，日本企業の競争優位の源泉であるものづくりのコア技術は何か（第11章），そして日本企業の製品アーキテクチャーと組織・現場力について考察する（第12章）．

　なお，本書の刊行をお引き受け頂き，きめ細かな編集校正を進めていただいた学文社の田中千津子社長をはじめスタッフの皆様に心から感謝申し上げる．

　2005年師走

編著者　根本　　孝
　　　　歌代　　豊

目　次

第Ⅰ部　技術競争と技術経営

第1章　技術経営（MOT）への発展 …………………………… 3
　1. 技術経営への注目　3
　2. R&Dマネジメントからの発展　5
　3. 技術戦略とコア技術　10

第2章　グローバル技術戦略 ………………………………………… 21
　1. グローバル技術戦略のオプション　21
　2. 海外研究開発拠点の設置　23

第3章　技術経営とイノベーション ……………………………… 30
　1. プロダクト・イノベーションとプロセス・イノベーション　30
　2. イノベーションと占有可能性　33
　3. スマイルカーブからサムライカーブへ　36
　4. ブラックボックス戦略とグローバルネットワーク戦略　39

第Ⅱ部　技術戦略と連携マネジメント

第4章　技術提携と共同研究 ……………………………………… 47
　1. 技術経営の世代進化　47
　2. 競争優位獲得のための技術提携　49
　3. 技術提携の類型　51
　4. 企業間連携のマネジメント　55

第5章　産学連携R&D ……………………………………………… 60
　1. 中央研究所時代の終焉　60
　2. 日米産学連携の違い　62
　3. 産学連携マネジメント　65

4. 産学連携における日本の課題　68

第Ⅲ部　R&Dマネジメント

第6章　企業における研究開発戦略　73
1. 研究開発とその発展　73
2. 研究開発戦略　77
3. 研究開発成果の事業化に関するマネジメント　82

第7章　研究開発組織　92
1. はじめに　92
2. 研究開発の機能と組織配置　92
3. 研究部門の組織　97
4. 製品開発の組織　101

第8章　研究開発の人材マネジメント　108
1. はじめに　108
2. 企業における研究員の動向と特性　109
3. 採用と育成　111
4. 研究開発の進め方とその成果の評価　115
5. 人事評価と処遇　117
6. キャリアと専門職制度　120

第Ⅳ部　知的財産権マネジメント

第9章　知的財産マネジメントと技術経営　127
1. はじめに　127
2. 企業の経営資源と知的財産　127
3. 研究開発投資効率の低下した90年代の日本企業　130
4. 技術経営における知的財産の役割　131
5. 研究開発効率向上　133

6. 権利化による市場コントロール　　136

第10章　特許権とそのマネジメント ……………………………　143

　　1. 知的財産権と特許権　　143

　　2. 特許の経済的価値の評価　　146

　　3. 特許サイクルと特許出願　　149

第Ⅴ部　ものづくりのマネジメント

第11章　ものづくりと組織能力 ……………………………　161

　　1. メーカーとものづくり　　161

　　2. 製品アーキテクチャ　　163

　　3. 製品アーキテクチャの変化とものづくり組織　　169

第12章　日本的技術経営 ……………………………………　174

　　1. 日米ものづくり比較　　174

　　2. 海外事業展開とものづくり　　179

　　3. 垂直立ち上げと垂直統合的組織　　183

索引 ……………………………………………………………　189

第 I 部
技術競争と技術経営

- 第 I 部 技術競争と技術経営
  - 第1章 技術経営(MOT)への発展
  - 第2章 グローバル技術戦略
  - 第3章 技術経営とイノベーション

- 第 II 部 技術戦略と連携マネジメント
- 第 III 部 R&Dマネジメント
- 第 IV 部 知的財産権マネジメント
- 第 V 部 ものづくりのマネジメント

技術経営
テクノロジー

第1章の要約

　本章では，まずグローバルなメガ競争で主要な競争要因となっている技術のマネジメントをめぐってR&DマネジメントからMOTへの発展の経緯を概観し，MOTとは何かを明らかにする．そして基本的な科学，技術，および研究そして開発，エンジニアリング等の概念の整理を試みる．さらに技術戦略の今日的課題であるコア技術の選択と技術戦略の策定，他企業との連携戦略，知的資産のマネジメントと国際技術標準の問題の基本を整理・検討する．

第 1 章 技術経営（MOT）への発展

1. 技術経営への注目

　技術の発展が人間社会を豊かにしてきたことはいうまでもない．しかし原子力技術の兵器・軍事活用に象徴されるように，その活用の仕方によっては人類に大きな弊害と危機をもたらすことも明らかである．それはグローバルレベルでの技術のアセスメントや管理の重要性を物語り，その対応も進められてきている．一方，技術が国家間の経済力のみならず政治力をも左右する主要な要因となり，技術力の強化，優位性の確保がグローバル競争の中で推進されてきている．そのことは企業間においても同様であり，グローバルな企業競争力は大きく技術力に依存するに至っている．そうした中で1990年代に入り技術経営（Technology Management, Management of Technology）が急速に関心を高めている．

　日本の国際競争力は，IMDの調査では技術インフラのR&D支出や特許取得では世界のトップにランクされているが，企業家精神や事業化普及などのマネジメント分野では最低の位置にあることを，経済産業省は問題視した．そして，2002年より技術経営人材の継続的育成システムの構築等のプロジェクトを立ち上げた2006年までの5年間で，1万人規模の技術経営人材の育成を目指している．2004年までは「技術ベースのビジネスや起業が可能な人材の育成」を中心として9大学でMOTコースが設置された．2005年度からは，さらに「イノベーションを促進し，産業競争力を強化するために技術を経営の中心において企業等の付加価値を創出していく人材，すなわち技術を利益に結びつけていくためのマネジメントできる人材」育成プログラムの普及，定着へと目的をバージョンアップし，プログラム開発のみならず実践的な技術経営教育者の養成や技術経営の普及啓発も目的としている．

　このような経済産業省の旗振りもあって，日本では，2000年代前半に技術経営（MOT）が一気に関心を集めてきたのである．しかしながらMOTといっ

た場合に2つの解釈に分かれているのが現状といえよう．ひとつは技術者にマネジメントの知識を教育し，技術経営の実践的担い手を育成するためのプログラムとしてのMOTである．経済産業省の狙う，研究開発型ベンチャービジネスの起業家育成プログラムなどは明言はしていないが，そうした色彩が強いということができよう．

　もうひとつは技術を中核としたマネジメントのあり方の，体系と方法としてのMOTである．それは面白いことに1980年代の日本企業の優位性と国際競争力のリードに対抗するアメリカの対日戦略と実践の中から生じてきたとみられている．すなわち，1970年代末のカーター大統領のもとで「大統領競争力報告書」がまとめられ，技術革新の推進と生産性向上による競争力強化が提言された．その後，1981年に誕生したレーガン政権のもとでも教育改革を提言し大きな反響をよんだ「危機に立つ国家」が1983年に発表された．その後も「強いアメリカ」に向けてさまざまな競争力強化策が提言された．保護主義化が強まる中で1989年MIT産業生産性委員会による『メイド・イン・アメリカ』はアメリカのみならず世界的な注目を集め，副題の「アメリカ再生のための日米産業比較」のとおり日本との比較の視点でアメリカの競争力強化の方向が提示されたのである（Dertouzous, M. L., 1989）．その中で生産性低下の要因として経営戦略の短期的視野や，開発と生産における技術的弱さなどが指摘され，とくに生産における新しい基盤要素としての生産管理，生産技術の重要性も指摘されたのである．そうした流れの中で経営大学院等における財務分析，財務コントロールに偏重する教育カリキャラムが批判を招き，HP社等で実践されてきた生産現場重視，トップも含めた意思疎通，情報共有重視のMBWA (Management By Working Around＝歩き回る経営）への転換が叫ばれ，MBA (Master of Business Administration) からMBWAへなどと揶揄されたのである．

　そして人的資源管理論，国際経営論，生産・技術管理論などの講座の新設や拡充がなされたのである．MBAも経営情報修士（MBI）や経営生産管理修士（MPM）などと多様化し，その発展として技術経営論も確立され今日に至って

いる.

2. R&D マネジメントからの発展

技術経営に焦点が当てられるまでは伝統的に技術問題は研究開発部門のマネジメントすなわち研究開発管理あるいは R&D（Research & Development）マネジメントとして論じられてきた.

その主要なトピックスは R&D 部門の戦略・方針，組織・人事管理，R&D プロジェクトの企画・進捗管理・成果評価，R&D の投資と資源配分，情報管理と特許管理などである．とりわけ R&D 部門と事業部との関係が重要であり，R&D 部門が主体的に進める技術研究と事業部の要請に基づいて行う製品開発との関連づけ，およびその調整・統合が大きな問題であり，それが投資や資源配分，そして進捗や成果の評価に関連してくる.

図表1-1はアメリカのコンサルティング・ファームであるアーサー・D・リトル社のコンサルタント（ラッセル）らがまとめた R&D の発展段階である．多くの企業が戦略性の乏しい第1世代の段階（1950年代から60年代に実践が進められた）にとどまっており，第2段階の移行期を経て，第3段階を目指すことの重要性を主張している.

(1) エンジニアリング・マネジメントとの統合へ

前述の第3世代の R&D は研究開発部門が関連他部門，とりわけ事業部門との相互作用のプロセスを重視し，資源配分，目標設定そして進捗管理や成果評価においても議論しパートナーシップを重視することを強調している．それは1980年代から1990年代初頭に発表されたさまざまなアメリカの競争力強化の提言とも一致している．すなわち，事業部門の生産技術や生産管理といった製造部門との連携であり，その関連重視である．それは日本企業がもっとも重視し，高い国際競争力の基盤となったところである．そうした製造業における生産システムを中心としたマネジメントは一般的にはエンジニアリング・マネジ

図表1-1 R&Dマネジメントの推移

		第1世代のR&D '50-'60 任せきりの マネジメント	第2世代のR&D プロジェクト・ マネジメント	第3世代のR&D 相互作用の マネジメント
戦略発想		・長期的戦略フレーム欠如・R&Dは間接費用	・戦略フレームが部分的に存在	・全社的フレームワーク
	基本姿勢	・R&D部門が将来の科学技術を決定（技術優先） ・事業部が当面の技術的目標設定	・マネジメントは裁判官，R&Dは弁護士の関係 ・事業部とは顧客と供給者	・パートナーシップ ・R&D戦略，事業戦略の全社的統合
	組織	・事業戦略と断絶	・プロジェクト管理	・R&Dを孤立させない
実行原則		事業とR&Dの統合視点なし	・事業部と意思不統一	・事業部と方向性一致
	R&D投資	・年間予算の一項目 ・財務上のゆとりに依存	・事業ニーズとリスク分散に基づく投資	・技術の成熟度と競合とのインパクトに応じてメリハリ
	資源配分	・部門の自主裁量	・事業部と共同	・優先度・リスク対収益のバランス
	R&D目標	事業部が改善的R&D依頼優先づけなし．	基礎研究はR&Dのトップ他は事業部と一致	技術目標と事業目標の統合 ・コスト・ベネフィットおよび戦略目標への貢献度で決定
	進捗評価	定期的レビュー，儀式的	プロジェクト単位	・定期的に環境変化も加味して評価
	結果評価	評価なし	改善的R&Dは定量的	・事業目標・技術期待に照らして評価

出所）Roussel, P. A., 邦訳（1992：34-55）より作成．

メント（Engineering Management）として議論されてきた．R&Dももちろん含まれているが，その中心は設計，工程・設備設計・管理，試作・実験，生産在庫管理，部品調達管理，品質管理，メンテナンスと保全管理等がトピックスである．すなわち，アメリカにおける競争力強化，その具体的方向としての第3世代のR&Dは，R&Dマネジメントとエンジニアリング・マネジメントの統合こそが大きな課題となったのである．

そしてさらに競争力強化はプロパテント政策（Pro patents），すなわち，特

図表1－2

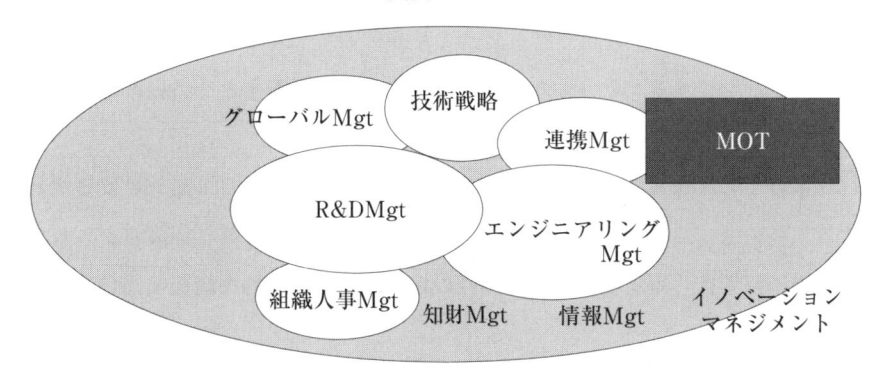

- グローバルMgt
- 技術戦略
- 連携Mgt
- MOT
- R&DMgt
- エンジニアリングMgt
- 組織人事Mgt
- 知財Mgt
- 情報Mgt
- イノベーションマネジメント

許をひいき，重視する政策の強化と連動し，知的財産権のマネジメント，さらには技術情報やナレッジ・マネジメントそしてグローバル技術マネジメントや技術提携マネジメントが重要性を高め，それらを総合した形で技術経営，いわゆるMOTへと発展してきたといえよう．

さらに20世紀末から21世紀初頭にかけて技術分野のイノベーションのみならず市場・組織のイノベーションを統合する議論が高まりイノベーション・マネジメントあるいはマネージング・イノベーション論が登場し，その体系化，理論整理が試行されてきている．図表はそうしたR&Dマネジメントそしてエンジニアリング・マネジメントを中心として，知的財産権のマネジメントやグローバル技術マネジメント等の諸領域を統合する技術経営（MOT）さらにイノベーション・マネジメントの関連を示したものである．本書はこの図表1－2を技術経営の枠組みとして論じている．

(2) 技術と研究・開発

1) 技術と科学

ここまで技術とは何かを規定せずに論じてきたが，技術とはいったいなんだろうか．広辞苑によれば，「科学を実地に応用して自然の事物を改変，加工し，人間生活に利用するわざ」とある．一言でいえばわざであり，科学の応用，言

い換えれば自然を利用する知恵ということになる．もう少し経営に密着して具体的に定義すれば，「製品やサービスの生産・販売に必要な実践的情報体系」ということができる．そうした産業界で求められる技術をとくに産業技術とよぶ場合もある．

では科学とはなんだろうか．広辞苑では，「世界と現象の一部を対象領域とする，経験的に論証できる系統的な認識」という．かなり難しい説明がされているが，科学は「現象の原理・法則性の探求による系統的な情報知識体系」といえよう．

2) 科学・技術と研究・開発そしてエンジニアリング

科学は基礎原理，法則などの知識体系であるが，科学知識をより深め社会・企業の基盤もしくは中核となっているのが基盤・中核技術（コア技術）である．それを市場のニーズに対応した製品とする製品技術（開発技術・設計技術），その製品を製造する設備・工程を設計・製作する生産技術，その設備機械を操

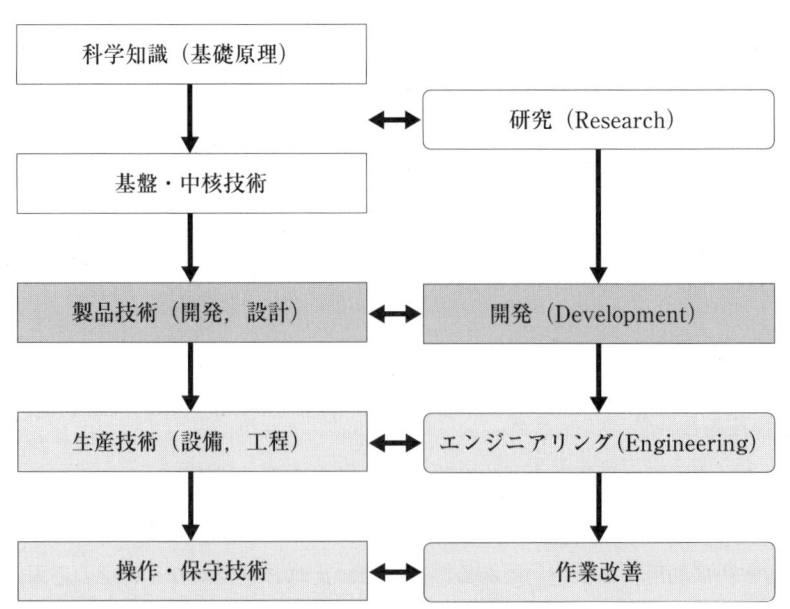

図表1－3　科学・技術と研究・開発活動との関連

```
科学知識（基礎原理）
        ↓        ←→   研究（Research）
基盤・中核技術
        ↓
製品技術（開発，設計） ←→   開発（Development）
        ↓
生産技術（設備，工程） ←→   エンジニアリング（Engineering）
        ↓
操作・保守技術       ←→   作業改善
```

作し，メンテナンスする操作・保全技術に大別される．

そうした科学から操作・保全技術の創造・拡張・深耕活動は研究・開発とかエンジニアリングなどといわれているが，その関係は必ずしも明確ではない．しかし多くの議論を一般化すれば図表1－3のような関係づけをすることができよう．

基礎原理である科学知識の開拓・創造活動は研究（Research）あるいは基礎研究とよばれる．社会や企業の基盤・中核技術のさらなる深耕活動も研究活動であり，応用研究とよばれることが多い．そうした科学知識や基盤・中核技術の応用による製品技術の開拓・深耕活動が開発（Development）であり，開発研究とか開発設計などとよばれる場合もある．

先に紹介したアーサー・D・リトル社のコンサルタントらは研究・開発活動の企業による特徴を3類型化している（図表1－4）．

日本企業は1980年までは，とくに改善的研究を重点としてきた．すなわち研究よりも開発中心の研究を進めてきており，したがって基礎研究などの研究は海外に依存しており，アメリカなどからの「研究ただ乗り論」によって80年代には強い批判を浴びたのである．しかしながら90年代は日本の技術競争

図表1－4　研究・開発の3類型

	特　徴	成功確率	達成期間	競合インパクト	競争優位の維持期間
基礎的な研究・開発（R&D）	新たな知識の開拓・創造ハイリスク・事業ニーズとの対応は不確実	初期は評価不能，R&Dコンセプトに依存	長期的通常4-10年	大きい	長い，特許保護期間
革新的研究・開発（R&D）	事業目標達成のための新知識の創造，ハイリスク・ハイリターン	初期段階では低い，通常20-40%	中期的通常2-7年	大きい	長い，特許保護期間
改善的研究・開発（R&D）	既存知識の応用，ローリスク・適度なリターン	非常に高い通常40-80%	短期的通常6-24か月	少しだが必ずある	短い，すぐ模倣

出所）図表に1－1に同じ．

力も低下し，その危機感から日本は「技術創造立国」を目指し，基礎研究を強化してきている．総務省等の調べでは科学技術予算に占める基礎研究費の比率は1991～95年度，96～2000年度，01～04年度の推移はアメリカが18.6%，21.3%，21.7%に対して，日本は16.4%，18.5%，19.9%とこの10年間で，かなりアメリカに近づいてきている．日本も基礎研究重視の時代に入り，大学は基礎研究，企業は開発という分業も徐々に変化し，世界のリーダーとなった企業は10年ないし20年先を見込んだ基礎研究にも数百人の陣容で取り組み始め，大学との共同研究も活発化してきている．

さらに設計に基づいて実際に製品を生産するための生産技術の開拓・深耕活動はエンジニアリングとよばれ，その基礎はIE（Industrial Engineering＝生産管理工学）である．そして具体的に設備機械を操作・保全しつつ製品を実際に生産する技術である操作・保全技術の開拓・深耕活動は作業改善と一般的にはよばれている．

こうした開拓・深耕活動の境界は必ずしも明確ではなく，その連関・連携がきわめて重要である．人間の頭脳の働きと指の動きが連動していると同じように研究・開発とエンジニアリングおよび改善活動の連関・連携をいかに高めるかが技術経営にとっても中心的課題といえよう．

3. 技術戦略とコア技術

(1) 技術戦略の策定

技術経営を実現する上で，まず技術戦略の策定が重要となることはいうまでもない．それは経営理念やミッションそして経営戦略・事業戦略との統合・連結が求められ，その主要な内容には以下のような事項が含まれる．詳細な議論は第2章以下に譲るが，ここでは事例としてNECの概要を取り上げながら（山之内，1992；植野原，2004）主要な点を考察することにしよう．

・コア技術の設定と長期技術開発戦略
・コア技術研究開発計画

・不足技術分野と連携戦略（A&D，共同研究）
・グローバル技術戦略
・知的財産戦略と国際標準化戦略
・技術組織・人事戦略
・技術投資計画

　まず技術戦略の基盤となる経営理念そして技術ミッションの明示化は必ずしも多くの企業でなされているわけではないが，社員，技術者の求心力を高めるためには重要である．図表1－5はNECの事例であるが，経営理念と21世紀に入り新たに設定されたグローバル・スローガンそして研究所のミッションが示されている．とくに経営理念のC&CとはComputer & Communicationの略であり，コンピュータと通信の融合という新機軸を1977年の国際会議で，中興の祖といわれている小林元会長が提唱した．それはNECの経営戦略，技術戦略を方向づける重要な概念であり，それ以降，NECの戦略方向・事業ドメインを示す概念としてよく知られている．

　技術戦略の基本はコア技術の設定と技術目標・事業目標の設定である．それには現在の自社の主な要素技術の評価が必須となる．その第1は要素技術の魅力度であり，技術ライフサイクルのポジション，今後の発展性と既存事業や新規事業への波及の可能性，関連技術への影響度である．そしてもうひとつは自社技術の競争力である．それは実績のみならず関連特許や論文数も，その評価の重要なポイントになる．

　そうした評価検討から，自社が持続的に技術的競争優位を保持するための技術創出・深耕を進めるべき技術領域であるコア技術の設定，再構築を行う．NECの事例ではC&C実現に向けて通信・コンピュータ・半導体の事業領域において10年後の製品群を想定し，材料系9，デバイス系8，システム・ソフト系13の計30のコア技術分野を設定してきた．現在では，IT・ネットワーク領域，モバイル・パーソナル領域，デバイス・材料領域，次世代コア技術／生産・環境領域の4領域に再構成してきている．そして具体的には将来の事業創

図表1-5　NECの経営理念と研究所のミッション

（経営理念）

> NECはC&Cをとおして，
> 世界の人々が相互に理解を深め，
> 人間性を十分に発揮する
> 豊かな社会の実現に貢献します．

⇩

（グローバル・スローガン）

> Empowered By Innovation
>
> 「すべてはお客さまの革新のために．
> 　そして活力ある社会のために．」

⇩

（研究所のミッション）

> NEC発展のためのイノベーション技術を生み出すエンジン
>
> 先行研究開発
> 　◆将来事業創出のための基盤技術を研究開発
> 　◆現事業を大きく発展させる新技術を研究開発
>
> 特許取得
> 　◆早期に技術開発し，事業基盤となる基本的かつ
> 　　総括的特許の取得

始に向けたグリッドコンピューティング，ユビキタスサービス基盤，次世代認識技術，IT・NW統合プラットフォーム，SOC設計手法などの研究，現事業の発展のためにバンキングシステムに代表されるようなオープン・ミッションクリティカル・システム，プライバシー保護等に役立つセキュリティシステム，携帯情報機器やモバイルワイヤレスネットワークを支える高速で低電力なシス

テムLSIなどの研究に取り組んでいる．

　コア技術は全社の多様な事業や組織に関連，影響するため，コア技術とSBUの関連を明確にし，全社的にコア技術の深耕と事業・製品への適用が必要であり，コア技術ごとにリーダーを定めるなどしてコア技術の長期研究開発計画を策定し，事業部門との連携と全社横断的な取り組みが求められる．

　日本企業の現状では5～10年の研究開発の長期計画をもっているのは3割程度といわれており，大半は2～3年程度の中期計画にとどまっている．より長期的視野からの技術戦略が求められているのである．

(2) 連携戦略

　コア技術の設定により同時に不足技術分野や余剰技術分野が明らかとなる．単純化して考えれば技術の優位性は低いが，事業への影響度の大きな技術分野は，他社との連携により獲得強化することが必要となる（図表1－6）．すなわち，他社や大学などとの共同研究あるいは優れた技術を保有しているベンチャービジネスなどの買収戦略もひとつの対応策であろう．アメリカ企業では買収して新技術を獲得することはコーポレート・ベンチャリングともいわれ，買収獲得した技術をさらに深耕・開発することをA&D（Acquisition & Development：獲得開発）とよび，R&DからA&Dへの転換などとセンセーショナルに語られるほど増加している．また提携・連携による研究開発はC&D（Connect and Development：提携開発）とよぶ場合もある．

　もちろん不足技術の獲得は国内企業との買収・連携にとどまらない．グローバル競争優位を獲得するためにはグローバルな視点からの連携先の選択が必要となり，国際間の買収，合弁，共同研究，ライセンシング・インなどグローバルな連携，そして海外の優秀な技術者を活用してのグローバルな研究開発も含めたグローバル技術戦略の策定となる．

　一方，技術優位性も，事業への影響度が低い技術の多くは余剰技術である．しかしその技術販売を進めることは，遊休知的財産の有効活用を意味する．

図表1－6　技術の評価と戦略対応

事業への影響度	低←　技術優位性　→高	
高	不足技術 (技術導入・ 共同開発)	コア技術 (自社R&D)
低		余剰技術 (技術供与 ＝販売)

　昨今では余剰技術のみならず，新市場獲得や他の技術獲得を意図したり，デファクト・スタンダード（市場における事実上の標準）を目指して技術供与を積極化する企業も少なくない．そうした技術販売，ライセンシング・アウトあるいは無償公開・供与も含めて技術マーケティングが重要な課題となってきている．販売の目的を詳しくみれば多様化しており，その主要な要因は，経営戦略に不適合技術の販売，さらなる開発への資源補充，その技術による市場規模，利益規模の狭小性，代替技術の確保，他の技術獲得（クロスライセンス：個別・包括），制限市場への参入，中小企業振興，政府の要請などによる．

　国家レベルでみれば技術供与（輸出）と技術導入（輸入）との貿易比率はアメリカが4と技術供与が技術導入を大きく上回っているが，日本も1990年代に入り黒字化し，1.9となってきている．それはイギリスの1.2，ドイツの0.8を上回っている．企業レベルでも先進企業を中心に技術供与が導入を上回り，黒字化してきている．

(3) 知的財産マネジメントと国際標準化への対応

　知的財産権は世界的なプロパテント政策の強化，すなわち，特許を幅広く認め，重視する時代の中で，その重要度を高めてきている．知的財産権については第9章，第10章で詳しく論じるが意匠権や商標権，著作権も含み，その中

心は特許権にあることはいうまでもない．特許は一般的に特許出願後，審査を経て，最終的に登録されたものであり，特許権者は特許発明を実施する権利を有する．すなわち特許を使用し，製造し，譲渡でき，実施権を許諾し実施料（Royalty）を受け取ることができる．また不法な使用については差し止め請求，損害賠償請求を有する，まさに対象技術の独占的権利が認められているのである．それは特許獲得までの知的創造活動の努力と投資回収の促進を図り，それによって創造活動の奨励，促進を意図しているからである．

したがって特許は人間の創り出した機械，生産品，組成物，それらの改良や方法など，その範囲は拡大してきている．なかでもアメリカでは1980年にはバイオ特許，81年にはソフト特許等が誕生し，日本では10年ほど遅れたが1993年にソフト審査基準の制定，1997年にソフト運用基準が策定され，いわゆるビジネス・モデル特許に拡大してきている．一般にビジネス・モデル特許はコンピュータ技術やネットワーク技術等のIT技術を活用した新しいビジネス方法に関する発明であり，ビジネス方法特許あるいはビジネス・システム特許と考えたほうが理解しやすい．

こうした特許制度は残念ながら各国別々で，まだ統一した世界特許制度が確立するまでに至っていない．その大きな障害になっているのが特許の先願主義（先に出願した者に特許を付与）と先発明主義（先に発明した者に特許を付与）の対立である．日欧は先願主義であるが，アメリカは先発明主義をとっており，その先願主義への移行が期待されている．そして発展途上国の特許制度との調和を図り，早急な世界特許システムの実現が待たれている．

現在は特許の国際出願制度があり各国の特許庁ないしは世界知的所有機関（WIPO）に出願書を提出すれば（2003年からはインターネットで出願できる電子出願も可能）特許協力条約（PCT）加盟124ヵ国で出願したとみなされる．この制度が創設された1978年以来，2004年までに累計100万件が出願され，日本はアメリカに次ぎ第2位で10万件を超えている．

図表1－7はアメリカの特許登録の企業別ランキングであるが，IBMが

図表1－7　アメリカ特許登録数のランキング

(単位：件)

	1998年		2000年		2002年		2004年	
①	IBM	2,657	IBM	2,886	IBM	3,288	IBM	3,248
②	キヤノン	1,928	NEC	2,021	キヤノン	1,893	松下電器	1,934
③	NEC	1,627	キヤノン	1,890	MICRON	1,833	キヤノン	1,805
④	MOTOROLA	1,406	SAMSUNG	1,441	NEC	1,821	HP	1,775
⑤	ソニー	1,316	LUCENT	1,411	日立製作所	1,602	MICRON	1,760
⑥	富士通	1,189	ソニー	1,385	松下電器	1,544	SAMSUNG	1,604
⑦	東芝	1,170	MICRON	1,304	ソニー	1,434	Intel	1,601
⑧	KODAK	1,124	東芝	1,232	GE	1,416	日立製作所	1,514
⑨	日立製作所	1,094	MOTOROLA	1,196	HP	1,385	東芝	1,310
⑩	三菱電機	1,080	富士通	1,147	三菱電機	1,373	ソニー	1,305

No.1を継続しており，98年にすでに11億ドルを超えるライセンス収入を得ているといわれている．こうした特許重視企業はライセンス収入を重要な収益源と位置づけてきている．日本企業もベストテンに顔を連ねているが，国内特許よりもアメリカや中国を重点とする海外特許登録を重視してきている．たとえば，松下電器の2003年の登録特許件数は国内48,061件，海外38,358件と合計で8万6,000件を超えている．また，特許費用軽減，効率化の視点から特許出願の量的増加よりも特許成立率（特許成立件数／出願件数）向上へ方針転換する企業も増加してきている．

特許取得により技術の囲い込み戦略が実行されるが，その方向としては関連特許の取得によるライバルの参入防止，あるいは周辺特許を取得し，ライバルの技術領域を，包囲し，事業展開防止が図られる．また技術漏洩を防止するために特許も出願せず潜行する戦略を採用する場合もある．逆に特許を無償公開し，デファクト・スタンダードをすすめ，売り上げ拡大を目指す戦略も増加してきている．

こうした知的財産の権利化，蓄積，保護，活用のマネジメントと関連して国際標準化への対応も重要な課題である．企業のグローバル化はいわば市場のグローバル化，「ワンワールド・マーケット」の中で進展してきている．それは生産者も消費者も，世界のどこでも，いつでも，誰でも同じように使える標準

化された技術，仕様，製品の生産・消費を強めることになる．それはインターネットの通信技術に象徴されるような技術標準から，ISO（国際標準化機構）の9000シリーズや14000シリーズといった品質管理や環境管理の標準，さらには投資家のグローバル化に対応する国際会計基準へとその領域を拡大してきている．

しかし国際標準への対応は，ともするとアメリカや欧州が設定した標準に，日本や企業が，いかに適合すべきか，世界標準に受動的にあわせるかを最大の課題とするといった発想に陥りやすい．とりわけバブル崩壊後の長引く低迷，不況の中で，1990年代には日本は自信を失い，自虐的な発想から，ビジネス・モデルや経営方式など多くの分野において，強いアメリカ方式をグローバル・スタンダードとして位置づける傾向を強めたのである．すなわちアメリカン・スタンダード＝グローバル・スタンダードと理解し，それらに自らを適合させ，変革しなければグローバル競争に生き残れないといった焦燥感に陥り，グローバル・スタンダード旋風があらゆる分野で吹き荒れたのである．

しかしEUの各国やアジアの企業は，それぞれ独自の方向や方式で成長してきており，また日本企業の回復基調の中で，和製英語の「グローバル・スタンダード」も，技術的領域等の限られた分野での重要性の認識へと変化し，日本の独自性，強みを生かすことがグローバル競争で重要かつ生き残る策であることの認識が強まったのである．それはまた，誰かのつくった標準に受動的にあわせるものではなく，自ら標準を作っていくこと，標準づくりに参加していくことの重要性の認識と実践が90年代末から徐々に進んできているのである．たとえば，IEC（国際電気標準会議）の会長やISO（国際標準化機構）の次期会長に日本人が就任したり，ISOの国際幹事や議長の引き受け件数も5～6％へと拡大してきており，さらなる積極的参画が期待されている．

NECのケースでみると，ホームページ上に「イノベーションマーケットプレイス」とよばれる特許，技術，エンジニアリングサービス等の知的財産を有償で提供することを目的としたサイトを開き，技術のマーケティングを進めてい

る.

　また,「NEC イノベーション創発工房・ビジネス創造フォーラム」と名づけた「NEC が保有する特許・技術シーズとお客様のビジネスニーズとのマッチングとその発展をはかり,新規ビジネス検討と情報・人材交流を目的とする会員組織」を構築している．これもホームページで紹介し,特定のテーマごとの分科会も開催し,NEC の知的財産を活用した新規事業開発,技術導入,起業の促進を図っている

演・習・問・題

問1　MOT は何を意味するのか．
問2　生産技術は何かを述べなさい．
問3　特許の先願主義とは何か．

参考文献

Dertouzos, M. L. et al. (1989) *Made in America,* MIT.（依田直也訳『Made in America：アメリカ再生のための米日欧産業比較』草思社, 1990 年)

Roussel, P. A. et al. (1991) *Third Generation R&D,* Harvard Business School Press.（田中靖夫訳『第3世代の R&D：研究開発と事業戦略の統合』ダイヤモンド社, 1992 年）

根本孝 (1990)『グローバル技術戦略論』同文舘

寺本義也・松田修一監修 (2002)『MOT 入門』日本能率協会マネジメントセンター

植之原道行 (2004)『戦略的技術経営のすすめ』日刊工業新聞社

山之内昭夫 (1992)『新・技術経営論』日本経済新聞社

《推薦図書》

1. 山之内昭夫 (1992)『新・技術経営論』日本経済新聞社
　　技術経営を実践的,体系的に論じた好書.
2. Drucker, P. F. (2005) *The Essential Drucker on Technology, P. F.*

Drucker.（上田惇生訳『テクノロジストの条件』ダイヤモンド社, 2005 年）
技術, 技術マネジメント, イノベーションの方法等の基本を考えるための好書.
3. 植之原道行（2004）『戦略的技術経営のすすめ』日刊工業新聞社
実務家による, わかり易くかかれた技術経営の実践書.
4. グローバル・タスクフォース（2004）『通勤大学 MBAII：MOT テクノロジーマネジメント』総合法令
MOT の基本をわかりやすく解説した入門書.

第2章の要約

 本章では，技術戦略の中でもグローバルな視点から，どのように戦略展開するかの課題を考察する．まずグローバル技術戦略の領域及び，その選択岐の整理を試みる．
 その上で最も重要かつ進展してきている海外研究開発拠点の設置とそのマネジメントに焦点を当てたい．とくに1980年代までの研究開発機能の本国への集中化がなぜ行われ，それ以降，世界各地域へR&Dセンター等が分散設置されたのかの要因を検討する．そして世界主要企業の海外研究開発拠点の役割の類型化を試み，先進企業で構築されてきているグローバルR&Dネットワークへの発展を探ることにしたい．

第2章　グローバル技術戦略

1. グローバル技術戦略のオプション

　グローバルに技術の開発・蓄積・活用を展開するグローバル技術戦略はきわめて活発化している．日本企業は戦後，アメリカから先進技術を導入し，それを梃子に高度成長への歩みをたどってきた．それが戦略的であったか，場当たり的であったかはともかくとして，戦後の日本企業の技術への視点は国際的であったことは間違いない．国内の技術資源が不足していれば，海外に目が向けられ，直接的な技術導入，あるいは外国人技術者の採用を通じた技術の獲得を目指すのが一般的であろう．今日，とくにIT技術者の世界的な不足が大きな課題となっており，世界的に激しい争奪戦が繰り広げられている．そのための各国による技術者育成支援，入国在留規制緩和，情報処理技術試験の相互認証などの具体策が活発化している．

　資金に余裕があれば海外の研究機関や企業に委託研究し，技術獲得を目指し，また海外研究所を設置し，その国の技術者を採用・活用して新技術・新製品の開発を推進する．一般に経営のグローバル化は販売機能そして生産機能についでR&D機能の順で進展する．いわゆる海外販売，海外生産，そして海外R&Dである．今日では海外R&Dによってグローバルな技術者を採用・活用するとともに"R&D in Market"といわれるように，現地市場に適合する製品開発の視点からも重要なオプションとなっている．それはホスト国の視点からは先進技術の獲得・普及につながることから研究開発拠点の誘致競争も活発化している．ホスト国や地方政府による税の減免や研究補助金の支給，インフラ整備・提供などの優遇策を強化しており，世界各国のテクノパーク等への誘致競争である．

　さらに優良技術を有しているベンチャービジネスや企業を買収することによって技術獲得を目指すA&Dを行う企業も少なくない．図表2－1はグローバル技術戦略のオプションを，技術の出入り，および，それが同時に行われる

相互交流と，その資源の活用拠点の国内・海外区分の2次元で整理したものである．前述したのは，技術の獲得である「入」りのオプションである．

そして技術の蓄積が高まると，その活用のために技術の移転，すなわち「出」を選択することになる．受託研究は本国研究所の技術人材が受託したテーマに従って研究・開発し，その成果は相手方に有償で供与される．それは技術の有償供与に他ならない．さらに蓄積された特許や技術を直接供与する技術の販売・提供がある．とくに最近では休眠特許をはじめ，未活用な技術資源の戦略的活用が投資資金の回収の視点からも注目され，技術のマーケティング・販売が戦略的課題になっていることは前述したとおりである．

そうした技術の出入り，移転・獲得が同時に進行されるのが相互交流である．その代表的なオプションは相互に優位な技術と資本，人材を提供して設立する合弁会社の設立である．研究開発の合弁会社を設立し，研究開発を共同で進めると同時に，それはリスク分散も意図している．また技術競争の激化から他社からほしい特許の獲得，すなわちライセンシング・イン（Licensing-in）が単独では難しくなり，他社の欲する特許を供与するライセンシング・アウト（Licensing-out）を同時に行うクロス・ライセンス（Cross-lisence）が活発化している．とくに最近ではソニー13,000件とサムスン電子11,000件といった事例のような大型のクロス・ライセンスも増加している．

さらに特定テーマの共同研究や，研究者の研修・育成のための技術者派遣と

図表2－1　グローバル技術戦略の選択肢

活用地＼出入	出	相互	入
本国	受託研究	合弁 クロス・ライセンス 共同研究開発 技術者交流	技術導入 外国人技術者採用 資本参加
海外	技術供与		委託研究 海外研究開発拠点設置 A&D

出所）根本（1990：6）

いった研究者交流も技術の獲得・供出が同時に行われるものである．

これらのオプションは海外研究開発拠点設置の独自の研究開発と，それ以外は連携・提携戦略と大きく2分できる．文部科学省が毎年実施している「民間企業等の研究開発活動に関する調査」によれば，何らかの研究開発を実施している企業の9割は大学や他企業と何らかの技術連携を図っている．また，海外との技術連携をしている企業は2～3割であるが，共同研究開発，委託研究，技術供与が目立っている．連携の中心的目的は，共同研究開発の成果を事業に結びつけることや，研究開発のスピードアップとなってきている．

2. 海外研究開発拠点の設置

(1) 研究開発の集中・分散

海外研究開発拠点の設置は，グローバル技術戦略の中核ともいえよう．基本的には研究開発機能はホーム国の中央研究所に集中し，トップ・マネジメントの意思決定に従い集中投資をし，技術・ノウハウの保護を図りつつ推進することが一般的な考え方であった．しかし1980年代以降，グローバル化の進展と競争激化の中で分散化が大きく進展し今日に至っている．

集中化と分散化の要因は諸研究の成果を要約すると図表2－2のように整理することができる（根本，1990）．集中化は研究設備や人材の規模の利益が得られること，研究開発活動の計画・実施・評価の調整が容易なこと，そしてホーム国に集中している生産・販売・研究部門との連携，情報の共有が容易なこと，さらにはノウハウの保護の視点から技術経営の基本とされてきた（Terpstra, V., 1977）．しかしながらグローバル化の進展は工場や市場が世界に分散され，生産・販売機能との調整活動も分散が必要になり，またIT技術の進展によりそうした部門間の連携や研究活動の調整も容易となり，規模の利益が働く単位も縮小化してきたのである．そうした中で，図表2－2のような市場に適合する製品開発，国内技術者の不足と人件費アップにより海外技術者の獲得が重要になったこと，早期の技術情報の収集・獲得，さらには海外の生産・販売子会社

図表2-2　研究開発の集中・分散化の要因

集中化要因	分散化要因
規模の経済性 研究活動の調整の容易性 生産・販売・研究の連携 ノウハウの保護	市場適合製品の開発 海外技術者の獲得 技術情報の収集獲得 海外子会社の要請 ホスト国の要請

出所）根本（1990：25-31）より作成．

からの要請，場合によっては現地ホスト国の要請や誘致策によって研究開発拠点の分散化が急速に進んできたのである．文科省の調査では日本企業でも，資本金10億円以上の研究開発実施企業の2割弱は海外に研究開発拠点を進出させており，なかでもグローバル化のいちじるしい自動車，精密機械，情報通信機器工業では4割強の企業が海外進出している．資本金規模が大きい企業ほど海外進出の比率は高いことはいうまでもなく，500億円以上の企業では5割弱に達している．その進出目的の中心はアメリカであるが，最近では欧州，中国にも4割を超える企業の研究開発拠点が進出し，他のアジア諸国にも3割前後の企業が進出を果たしている．その主要な目的は市場にマッチした製品の研究開発が5割であり，優れた人材の獲得が第2の理由で3割を占め，コストの優位性，最新技術情報の収集獲得などが2割前後で進出理由としてあげられている．

(2) 海外研究所の役割と類型

海外に設置される海外研究開発拠点は，当然，その目的に応じた役割を担うことになる．その役割は大きく市場対応か技術対応かに区分できよう．すなわち，市場対応としては，海外市場動向の把握，セールス・エンジニアリングの強化，市場向け製品開発が主な役割である．一方，技術対応の役割としては，技術情報の収集獲得，技術者の採用，獲得，新技術の開発，本国技術者の育成が指摘できる．それぞれ拠点設置の初期から順次，発展につれて役割期待が高まり，後方の役割が付加ないし転換していく．現実の拠点はいくつかの役割を

図表２−３　海外研究開発拠点の類型と発展

研究所の類型	役割	本社との関係
現地技術センター	市場情報の収集 技術サービス（販売支援） 実験試験（生産支援） 製品の部分改良・開発	本社からの一方的支援 （小規模）
技術開発センター	技術情報収集 技術交流，共同研究推進 独自の技術，製品開発	本国の出先機関または独自なR&D
製品開発センター	地域向け独自製品の開発	独立的運営（中規模）
基礎研究センター	グローバルな技術，製品開発，基礎研究	本社との連携，研究分担 （大規模）

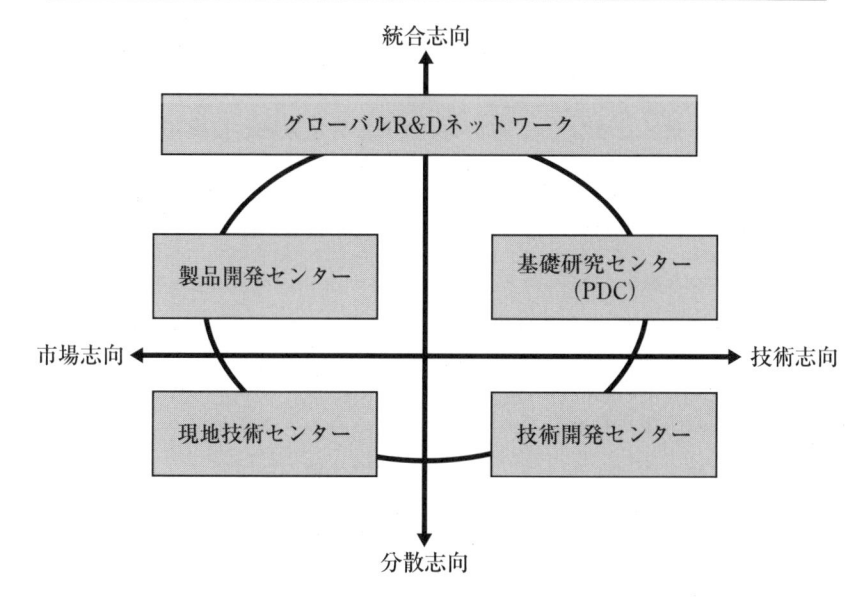

```
                    統合志向
                      ↑
          ┌──────────────────────┐
          │  グローバルR&Dネットワーク  │
          └──────────────────────┘
        ┌──────────┐      ┌──────────┐
        │ 製品開発  │      │ 基礎研究  │
        │ センター  │      │ センター  │
        │          │      │  (PDC)   │
        └──────────┘      └──────────┘
市場志向 ←                              → 技術志向
        ┌──────────┐      ┌──────────┐
        │ 現地技術  │      │ 技術開発  │
        │ センター  │      │ センター  │
        └──────────┘      └──────────┘
                      ↓
                   分散志向
```

複合した形で果たしている．そこでグローバル企業の海外研究開発拠点の役割とその発展から考察すると図表２−３のような４つの類型と発展過程に要約することができる（根本，1990）．

　海外の販売拠点や生産拠点が設置されると，そのオフィス内に販売支援のための市場情報の収集や，顧客への技術サービス・スタッフあるいは生産支援のための実験もしくは部分的製品改良のスタッフが配置される．販売・生産量の拡大は，そうしたスタッフの数を増やし，いわゆる技術支援の部署が設けられ

よう．ここでは現地技術センターと名づけられる．それは本社の技術部門等の支援によって運営される小規模なものである．しかし規模の拡大とともに製品の現地化のための改良・改革を行う製品・技術開発を中心とする中規模の製品開発センターに発展するケースも少なくない．

また技術動向や，新技術の情報収集，さらには現地の研究機関や企業との技術交流や共同研究の推進のための技術開発センターが設置される．一般には「リエゾンオフィス」（liaison office＝地域事務所）などとよばれる場合が少なくなく，本社中央研究所等の出先機関である．そうした初期の段階から発展し，地域向け製品の開発を主要な役割とする製品開発センターが設置される．数十人から数百人の中規模な独立的研究開発拠点となる．

また市場向け製品ではなく，現地に集積する特定領域の技術に焦点を当て，人材を集め，グローバルに貢献する新技術の研究開発を行うのが基礎研究センターである．本社中央研究所等と連携し，研究分担を明確化し主に基礎研究を担う中規模から大規模な研究開発拠点である．

こうした4つの主要な海外研究開発センターとホーム国の中央研究所等がネットワークを形成し，グローバルな研究開発分担のもとに研究開発に取り組み，研究成果の情報共有そして人材交流を進めるネットワークへと発展する．日本企業ではアメリカについで，欧州に研究開発拠点を設置し，さらに中国とアジアにも設置し，日米欧と亜ないしは中を加えた4極，ないしは5極のグローバルR&Dネットワークの構築が進みつつある．

日本企業の実態は，海外研究開発拠点の5～6割は製品の現地向け改良・改革のための製品・技術開発であり，現地技術センターとよばれる拠点である．さらに発展した製品開発センターが2～3割，基礎研究の基礎研究センター1～2割，技術開発センターが1～2割，といった状況といえよう（テクノロジーマネジメント編集委員会，1994：534-545）．

NECのケースでみると本社は知的資産R&Dユニットが技術経営の中核を担い，中央研究所とソリューション開発研究本部，そして知的資産事業本部の3

図表２－４　NECの研究開発組織

```
知的資産R&Dユニット
├─ 知的資産R&D企画本部
├─ 中央研究所
│   ├─ 研究企画部
│   ├─ R&Dサポートセンター
│   ├─ インターネットシステム研究所
│   ├─ システムプラットフォーム研究所
│   ├─ メディア情報研究所
│   ├─ システムデバイス研究所
│   ├─ SOG研究所
│   ├─ 生産技術研究所
│   └─ 基礎・環境研究所
├─ ソリューション開発研究本部
│   ├─ バイオIT事業推進センター
│   ├─ システム基盤ソフトウェア開発本部
│   └─ ユビキタス基盤開発本部
├─ 知的資産事業本部
├─ NEC Laboratories America, Inc.
├─ Network Laboratories, NEC Europe Ltd.
├─ C&C Research Labs., NEC Europe Ltd.
└─ NEC Laboratories, China
```

出所）NECホームページ（2005）

部門に分割されている．知的資産もコストセンターではなく事業本部と名づけられているところは注目する必要があろう．

　中央研究所の下部にはインターネットシステム研究所，システムプラットフォーム研究所，メディア情報研究所，システムデバイス研究所，SOG研究所，生産技術研究所，そして基礎・環境研究所の７つの研究所がある．海外における研究開発拠点は，北米にNECラボラトリー・アメリカ（ボストンとプリンストン）２ヵ所，欧州に欧州ネットワーク研究所（ドイツ・ハイデルブルグと

イギリス・アクトン）と NEC ヨーロッパ C&C 研究所（ドイツ・ボン）の3ヵ所，中国に NEC 中国研究院（北京）の1ヵ所の計5拠点に約200名が配置され，国内の7拠点とのグローバル R&D ネットワークが形成されている．

演・習・問・題

問1　海外に研究開発拠点を設置する目的について述べよ．
問2　リエゾン・オフィスの役割は何か．
問3　グローバル R&D ネットワークとは何を意味するか．

参 考 文 献

Terpstra, V.（1977）"International Product Policy：The Role of Foreign R&D," *Colombia Journal of World Business*, Winter, pp. 24-32.

根本孝（1990）『グローバル技術戦略論』同文舘

斉藤優・伊丹敬之（1986）『技術開発の国際戦略』東洋経済新報社

テクノロジーマネジメント事典編集委員会編（1994）『テクノロジーマネジメント事典』産業調査会

《推薦図書》

1. 岩田智（1994）『研究開発のグローバル化』文眞堂
   研究開発のグローバル化を在日外資系企業の R&D センターの分析を中心に考察した専門書．
2. 根本孝（1990）『グローバル技術戦略論』同文舘
   グローバル技術戦略を総括的に検討したテキスト．
3. 斉藤優・伊丹敬之（1986）『技術開発の国際戦略』東洋経済新報社
   技術開発の国際化の基本問題を幅広く，わかりやすく解説した好書．
4. 高橋浩夫（2000）『研究開発のグローバル・ネットワーク』文眞堂
   研究開発の国際化の実態，日本企業の R&D グローバルネットワークの実態を分析した書．

第3章の要約

　本章では技術経営を考察する上での基本問題であるプロダクト・イノベーションとプロセス・イノベーションの区分，そしてプロダクト・イノベーションのリニア・モデルと連鎖モデルの意味について概観することにしたい．それは日本企業の技術経営の特質や優位性を考える上でも基本的概念であり，後の各章の議論のベースでもある．

　その上で，技術経営の重要課題であるイノベーションの利益をその企業がどの程度，専有できるかの「専有可能性」の問題と，ビジネス・モデルとの関連を検討する．さらに専有可能性を高めるための技術漏洩の防止を目指し，最近関心が高まっているブラック・ボックス戦略の意義と展開について検討することにしたい．

第3章 技術経営とイノベーション

1. プロダクト・イノベーションとプロセス・イノベーション

（1）2つのイノベーション区分と関連

　一般に技術経営におけるイノベーションの中心は，研究開発による製品革新である，プロダクト・イノベーション（Product Innovation）と生産技術による工程革新といわれるプロセス・イノベーション（Process Innovation）に2分される．

　そうした2つのイノベーションの区分と関連を初めて提起したのはアバナシーであり，図表3-1のような関連性を主張した．すなわち産業や製品が新たに登場した流動的な段階では，さまざまな機能を追求した新製品が市場に投入され，活発かつ急速なプロダクト・イノベーションが生じ機能の最大化競争が生ずる．しかしながら，時間経過と共に機能や仕様が選択され，ドミナント・デザインとよばれる支配的な製品デザインが一般化される．それとともにプロダクト・イノベーションは急速に減少する．この特定的段階を過ぎると，効率化のために生産工程のプロセス・イノベーションが活発化し大量生産，大量販売がなされ，コストの最小化競争が行われるのである．

　こうした実態から，アバナシーは急速なイノベーションが発生している段階では，高い効率性は望めず，一方では生産性が増せば増すほど，プロダクト・イノベーションは低下するという生産性のジレンマが存在することを主張したのである．

　こうした2つのイノベーションの中で，わが国は戦後欧米のプロダクト・イノベーションによる製品や基本技術を導入し，プロセス・イノベーションによって高度成長を達成し，また経済が高度成長を成し遂げたキャッチアップの時代をおくった．プロセス・イノベーションによる生産性および品質の向上は，日本企業，産業の国際競争力を高めてきたのである．しかし，今やキャッチアップから「フロンティア創造」もしくは「フロント・ランナー」の時代を向

図表 3 − 1

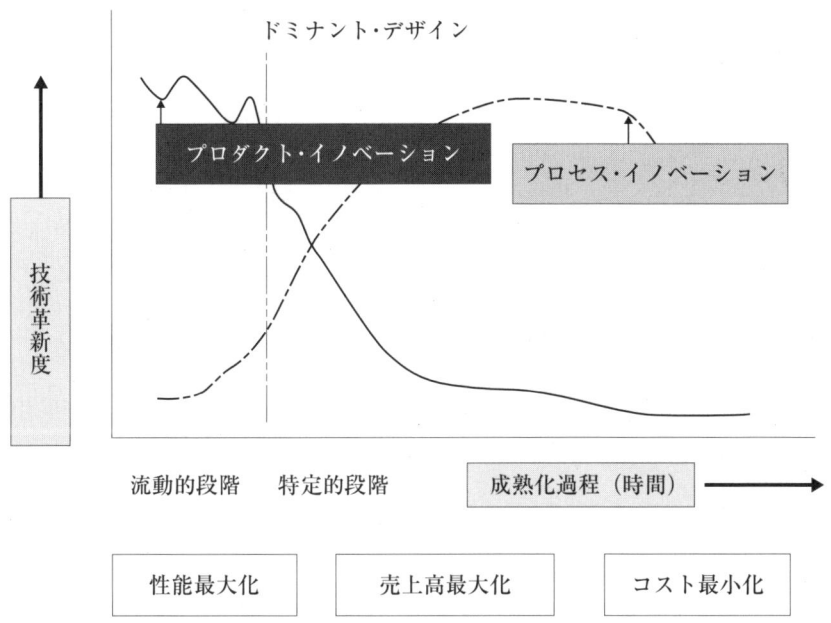

ドミナント・デザイン

プロダクト・イノベーション　　プロセス・イノベーション

技術革新度

流動的段階　特定的段階　　成熟化過程（時間）

性能最大化　　売上高最大化　　コスト最小化

出所）Abernathy, W. J.（1978：78）等を参考に加筆修正

かえ，より付加価値の高い財とサービスを産み，より生産性の高い新事業・新市場を創出する「プロダクト・イノベーション」こそが重要となってきている．21世紀に入り，ますますプロダクト・イノベーションの実現が課題となり，国をあげて「新技術のシーズ創出につながる基礎研究から基本技術の創造，実用化，市場の創出までを視野に入れて，技術革新システムの担い手である産・学・官各々の機能および連携関係の再構築」（『科学技術白書』平成14年版）が産業技術政策の基本とされてきている．

(2) プロダクト・イノベーションのプロセス

プロダクト・イノベーションについて，日米の比較から2つの類型があることを明らかにしたのは，クライン（Kline, S. J., 1990）であった．図表3－2の

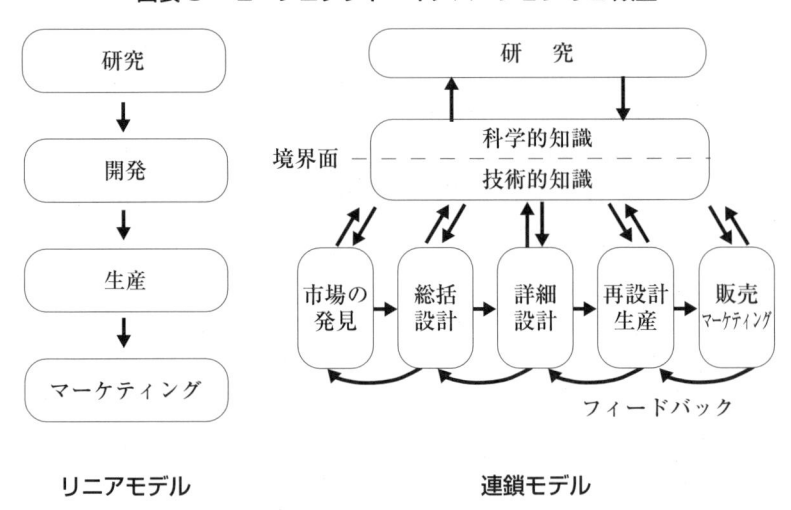

図表3-2　プロダクト・イノベーションの2類型

（リニアモデル）
研究 → 開発 → 生産 → マーケティング

（連鎖モデル）
研究 ↑
科学的知識／技術的知識（境界面）
市場の発見 → 総括設計 → 詳細設計 → 再設計生産 → 販売マーケティング
フィードバック

出所）Kline, S. J.（1990：17-20）より加筆修正

ように研究開発からマーケティングまでのプロセスが順次行われる直列型のリニア・モデルと，図中右側に示された，研究からスタートするが，後のプロセスはフィードバック・ループによって変化に対応したイノベーションが行われる連鎖モデルである．

　アメリカ企業はリニア・モデルであり，日本は連鎖モデルであり，連鎖モデルは後工程からのフィードバックによりニーズや変化に対応可能な柔軟で効率的かつスピーディーなイノベーションが行われることを明らかにしたのである．

　しかも日本型の連鎖モデルは，総括設計，詳細設計，生産等といったそれぞれのプロセスは直列ではなく並行して行われ，「シンクロナイズド・エンジニアリング」（Syncronized Engineering：同期生産）とか「コンカレント・エンジニアリング」（Concurrent Engineering：並行開発・生産）などとよばれている．また部品発注等が詳細設計終了後に支給図面に基づいて行われるのではなく，総括設計の段階から部品メーカーが設計に参加し，「デザイン・イン」（Design-in）いいかえれば部品メーカーが作成した設計図を組み立てメーカーが

承認する，いわゆる承認図方式を採用している．そのためにプロダクト・イノベーションは短期間に可能となり，日本企業の新製品開発の期間短縮，コスト削減，スピーディーな新製品開発・発売の要因とされており，欧米企業でも連鎖モデルないしは並行開発が導入されてきている．

　またプロダクト・イノベーションが技術革新による技術の種・シーズ (seeds) 主導で行われるか，市場のニーズ (needs) 主導かによって，「テクノロジー・ドリブン」型と「マーケット・ドリブン」型に2分して論じられることも少なくない．

　一般的にアメリカ企業は画期的な技術開発によるシーズをもとに，新しい需要を創造するテクノロジー・ドリブンのイノベーションであり，日本企業は，市場ニーズ重視型のマーケット・ドリブンであるといわれている．すなわち，アメリカ企業は研究中心のR&Dであり，日本企業は顧客志向による開発中心型のR&Dであることもそのことを物語っている．しかしながら市場ニーズ，顧客満足を重視し，またその変化に俊敏に対応することが求められている今日，そのアプローチは接近してきているといえよう．

2.　イノベーションと占有可能性

　企業のグローバル競争はプロダクトないしはプロセス・イノベーション競争であるとみることもできる．しかし技術は公共財といわれるように容易に伝播，模倣される特質をもっている．したがってイノベーションの成果，利益が他社に流出するまでに，いかに専有するかが企業にとって大きな課題となる．こうしたイノベーションによる利益を専有できる能力を「イノベーションの専有可能性」(the profitability of innovation) とよぶ．

　そしてグラント (Grant. R. M., 2003) は，専有可能性の要因として，① 知的財産権，製造能力やマーケティング能力あるいは補完技術といった，② 補完資源，さらにノウハウなど暗黙知の程度などの，③ 技術の特性と，模倣者が参入可能な期間としての，④ リードタイムを提示している．

第3章 技術経営とイノベーション

図表3-3 プロダクト・イノベーションの専有可能性を確保する方法の有効性

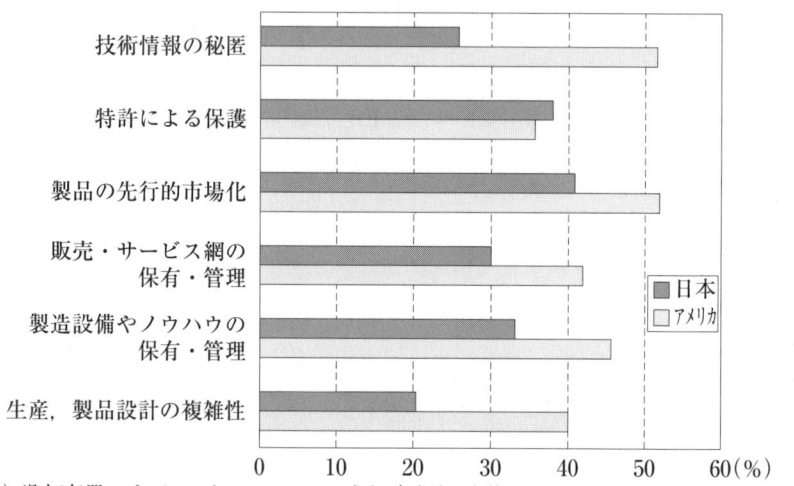

方法	日本	アメリカ
技術情報の秘匿	26	52
特許による保護	38	35
製品の先行的市場化	41	52
販売・サービス網の保有・管理	30	42
製造設備やノウハウの保有・管理	33	45
生産，製品設計の複雑性	21	40

注）過去3年間のプロセス・イノベーションのうち，各方法が有効であったものの割合（平均）を示す．
出所）文部科学省（2002：48）

図表3-4 プロセス・イノベーションの専有可能性を確保する方法の有効性

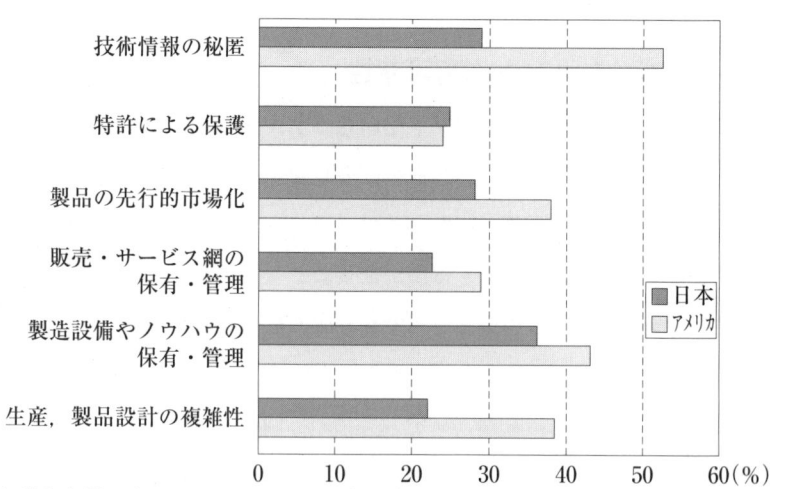

方法	日本	アメリカ
技術情報の秘匿	29	52
特許による保護	25	24
製品の先行的市場化	28	38
販売・サービス網の保有・管理	23	28
製造設備やノウハウの保有・管理	35	43
生産，製品設計の複雑性	22	38

注）過去3年間のプロセス・イノベーションのうち，各方法が有効であったものの割合（平均）を示す．
出所）図表3-3に同じ

知的財産権の専有可能性への影響は業種によって大きく異なり，製薬では6～7割，化学3割，機械金属は1～2割が特許等によって保護可能であるとしている．しかし電子機器，自動車，繊維などは1割以下で，きわめて低いと指摘している．

　専有可能性を高めるための対策は多様であり，企業の戦略により異なる．日本とアメリカでも差がみられることは興味深い．

　図表3－3と3－4は，日米両国の比較の対応策を比較したものである．プロダクト・イノベーションについて日本企業は，「製品の先行的市場化」や「特許による保護」を重視しているのに対し，米国は，「技術情報の秘匿」「製品の先行的市場化」および「生産，製品設計の複雑性」を重視している．またプロセス・イノベーションについて日本企業は「製造設備やノウハウの保有・管理」の重視が目立ち，アメリカ企業は「技術情報の秘匿」をとくに重視している．

　こうした傾向から考えれば日本企業は新製品を先行的に市場に投入し，特許により保護し，さらに製造設備やノウハウを保有することによって専有可能性を高めてきた．しかしITや家電といった日本企業のグローバル競争力の強い業種の特許や製造設備やノウハウ保有による専有可能性の保持はきわめて困難である．自動車や精密機械は多数の高精度の部品の擦り合わせによる統合ノウハウを要するだけに他の模倣を難しくし専有可能性を保持してきている．しかしPCやソフトに代表される，高度な生産設備とその改善を必要としないPC等は誰でもが模倣可能であり，日本企業の特徴を発揮することができない．したがって1990年代，とりわけ電機メーカーは専有可能性が低かったため，赤字に低迷した，ということができる．しかしながら自動車産業や精密機械などは専有可能性を保持してきたのである．そして電機メーカーもデジタル家電へ比重が高まるにつれて専有可能性が高まり，収益を回復させてきているのが実態といえよう．

3. スマイルカーブからサムライカーブへ

(1) スマイルカーブからの脱出

　専有可能性を別の視点、すなわち、価値連鎖の視点から整理したのがスマイルカーブであるといえる。スマイルカーブ（smilling curve）は台湾のコンピュータメーカー「エイサー」の創業者であるスタン・シー会長が提示した考え方である。すなわち、PC等の製品の付加価値、収益性は生産・組立プロセスでは低くなり、研究・開発や部品・材料あるいは販売サービスで高く、図表3-5のようなカーブを描くことができる。この凹型のカーブはまさに笑顔の顔の形であり、スマイルカーブと名づけたのである。言い換えれば生産・組立は専有可能性が低く、逆に研究・開発や部品・材料もしくは販売・アフターサービスで高いということになる。したがって台湾やアメリカ企業のように生産・組立は賃金の安い中国等に移転、アウトソーシングし、徹底的にコストダウンをはかり、他のプロセスに特化、差別化しノウハウを蓄え専有可能性を高めて収益を上げるビジネス・モデルを日本企業も選択することになったのである。　こうしたモデルの前提はPCのように部品のモジュラー化が進み、分業が促進され、さらに部品の間のインターフェースのオープン化が進めば進むほど、それぞれの段階に特化した企業が登場してくる。EMS（Electronics Manufacturing System）とよばれる、アメリカのエレクトロン社に代表される電子機器の生産請負会社、あるいは逆に工場をもたないファブレス（Fabless）と名づけられた開発・設計やデザインに特化した企業などである。誰にも製造・組立が可能となれば新規参入が増加し、コスト競争が激化し、製造・組立は収益性が低下する。逆に基幹部品や顧客満足を左右する販売・アフターサービスの重要性が高まり、サービス・ブランド競争となり、勝ち組事業の収益性は増大する。それはバリュー・チェーン上の諸活動が分離・分解され、独立した事業体でそれぞれの収益性が明確であることも必要条件といわれている。すなわち、オープン化した製品アーキテクチャーをもっているビジネスモデルで

図表３－５　イノベーションとスマイルカーブ

収益性

ムサシカーブ

サムライカーブ

スマイルカーブ

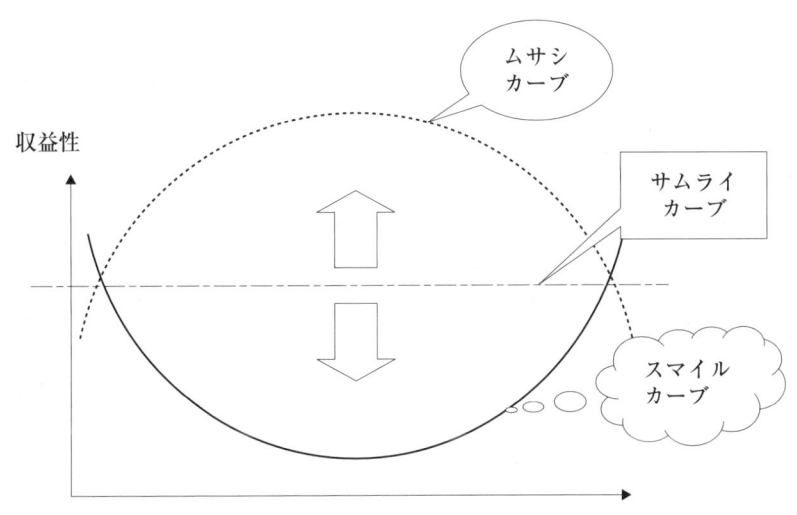

研究　設計　部品・材料　製造・組立　販売　アフターサービス

あり，PC 産業がその代表である．

　最近の薄型テレビも高付加価値商品で市場・売上拡大はみられるものの，収益は上がらない最先端製品といわれている．それは部品を市場で購入，組み立てれば誰でも作れるだけに新規参入が多く，価格競争が激化し高付加価値商品なのに儲からない状況にあり，「デジタルの罠」といわれている．デジタル家電の一部もそうした状況が持続している．そのため日本の電機メーカーの多くは売上高営業利益率は１～３％で最終損益は赤字が続いでいる．そのためには「デジタルの罠」そして「スマイルカーブ」からの脱出が課題となっている．

(2) 日本企業はサムライカーブ

　こうしたスマイルカーブの考え方に対する反論も活発化している．企業の付加価値や収益は製品のプロセスごとに分割できるものでもすべきではなく，バリューチェーンを分離せず一体的にトータルで統合すべきである．そして，研究開発からアフターサービスまで連携した「総合化能力」こそが中心である．

それは図表3－5の直線で表され，野中はサムライが口を真一文字にきりりと結んだ顔にたとえ，「サムライカーブ」と名づけている（野中，2001）．

こうした点に関して日本のメーカーはどう考えているかのアンケート調査結果がある．どの業務プロセスでもっとも利益率が高いかをストレートに回答を求めた調査結果が図表3－6である．

日本のメーカーでは「製造・組立」がもっとも利益率が高いと回答した企業が44.4％ともっとも多く，「販売」の30.8％がこれに続いており，全体的には，逆スマイルカーブが成立している．

そうしたカーブは「ムサシカーブ」ともよばれている（中村，2004）．すなわち，変化の激しい中では川上，川下のプロセスが利益率が高いとは限らないし，生産・組立をアウトソースに頼るのではなく，自ら川上・川下のプロセスの市場変動をコントロールする必要があるといわれている．中村は新市場を創造する製品には，①物理的・科学的な発明，②開発・設計などモノを作るプロセス，③販売のためのマーケティングの3要素が要であると主張する．そして，①に1の力が必要だとすれば，②には10の力，③には100の力が必要であり，この3要素が完成されて初めて創造力のある商品が生まれるというのである．そして日本企業においては，埋もれていた発明を商品化する「まとめ上げる力」がコア・コンピタンスであり，ムサシカーブを基本に，激変するグローバル競争に対応する必要があることを強調している．

日本企業は製造・組立を利益の中心的源泉として位置づけている姿が浮き彫りにされている．その背景には日本企業が，ものづくりを第1に重視し国際競争力の基盤と考えていること，そして主力製品はモジュール型ではなく，自動車や鉄鋼に代表されるように，擦りあわせ型製品であり，製品寿命がますます短くなっている中で開発・生産・販売の擦り合わせ，総合化能力がますます必要となってきていることなどがあろう（経済産業省ほか，2005）．

業種に着目すると，その違いが現れている．医薬品では「研究」を利益の源泉とする企業が4分の1を占め，電気機器，機械では「開発・設計・試作」を

図表3－6　利益率が最も高い事業段階（業種別）

	電気機器	機械	化学	非鉄金属	食料品	自動車	窯業	精密機械	鉄鋼	繊維製品	医薬品
研究	0.0%	0.0%	0.0%	0.0%	0.0%	0.0%	0.0%	0.0%	0.0%	0.0%	25.0%
開発・設計・試作	17.2%	8.5%	4.2%	7.7%	9.1%	5.0%	0.0%	23.5%	0.0%	0.0%	11.1%
製造・組立	40.3%	39.3%	50.9%	50.0%	40.0%	66.7%	44.4%	23.5%	57.1%	22.2%	50.0%
販売	23.0%	20.3%	27.7%	28.0%	50.0%	22.2%	46.2%	35.3%	20.0%	66.7%	40.0%
アフターサービス	9.4%	29.1%	0.0%	4.8%	0.0%	18.2%	0.0%	14.3%	0.0%	0.0%	0.0%
リサイクル	0.0%	6.7%	0.0%	0.0%	0.0%	0.0%	33.3%	0.0%	16.7%	0.0%	－

備考）日本の店頭公開、上場している製造業企業を対象にしたアンケート調査結果、有効回答数は394社。
出所）経済産業省，厚生労働省，文部科学省（2005：56）

利益の源泉とする企業が3割程度存在し，これらの業界の特徴を見事に示している．一方，繊維，食料品では「販売」を利益の源泉とする企業が5割を超えており，販売重視の戦略を読み取ることができる．

アフターサービスを利益の源泉と回答した企業が精密機械で3割，自動車，機械にもアフターサービスを利益の源泉とする企業が目立っていることも注目されよう（図表3－6）．

4. ブラックボックス戦略とグローバルネットワーク戦略

専有可能性の議論から発展して，日本企業のビジネス・モデルとしてのサムライ・カーブへと議論は発展してきた．それは当然，技術戦略や企業のコア・コンピタンス戦略を内包するものであることはいうまでもない．よりミクロ的にみればキーデバイス戦略の問題でもある．

キヤノンの複写機のカートリッジやシャープの液晶ディスプレイは両者のキーデバイスであり，キーテクノロジーであり，それによって専有可能性を強固なものにし，高い収益構造を築いてきた技術経営戦略として有名である．

特定商品についてR&Dから組立て，ソフト・サービス提供まで「摺り合わせ能力」もしくは「総合化能力」を発揮するサムライカーブあるいはムサシカーブを基盤にするとすれば，その商品には模倣しがたいキーテクノロジーが

埋め込まれ，ブラックボックス化することになる．それには単なるハードのみではなく，ソフトそしてサービスの提供方法，その基盤にある社会・文化的要素さらには価値観も含まれることになる．

とくに電機や精密機械産業においては中国はじめ発展途上国への技術漏洩が激しく専有可能性が低く，また短期に消滅してしまう状況が続き，ブラックボックス戦略が非常に重要になってきている．そこでここではこのブラックボックス戦略の動向を考察することにしよう．

(1) 工場の国内回帰はグローバルネットワークの構築

まず21世紀に入り中国が世界の工場といわれ，日本企業が雪崩れをうって中国に工場進出してきたことは記憶に新しい．そしてグローバル化がますます進展する中で製造業の「空洞化」が危惧されてきたのである．しかし2004年に入り国内生産を増加させる計画をもつ企業が半数を超えたり，新工場の建設計画をもつ企業が1割を超えるといった調査結果が発表されたり，大型の液晶やプラズマTV工場や半導体基板工場の建設が発表される中で，「工場の国内回帰」が強く印象づけられたのである．

しかし国内生産の強化，工場増強の理由を分析することが重要である．その主要因としては以下の5つを取り上げることができる．まずは，①国内の企業誘致策の活用である．多くの地方自治体は工場団地やテクノパーク構想を進めてきたが，なかなか誘致が進まない中で，優遇策を強化し，安価な土地やインフラの提供，税制優遇などで工場建設が海外と比較しても優位になり，その活用である．②川上・川下企業との連携であり，国内の優秀な部品メーカーあるいはサービス企業との連携によって新製品開発や品質・サービス向上を目指す上での優位性である．それは関連産業の産業集積を活用する形で実現する場合も少なくない．そして企業内の，③生産と開発の連携強化である．製品のライフサイクルの短縮化，そして新製品開発のスピードアップ，さらには高付加価値製品の開発では，R&Dと生産・販売さらにはアフターサービス部門

との連携による，まさに「総合化能力」の強化が求められ，そうした競争優位な諸機能の活用・連携である．また，④持続的生産革新を進めたり，新生産方法の確立には日本の工場の持続的，積極的な最先端の生産技術開発がある．そして注目されるのが，⑤技術の流出防止である．中国の社名は商品ブランドの模倣，技術の盗用，特許権侵害の多発で，日本企業は大きな損害と技術流出防止の難しさを経験してきた．そこで注目されてきているのがブラックボックス戦略であり，一貫生産の新工場の国内への建設である．

こうした要因による国内生産の強化は単純な国内工場の引き上げによる日本への国内回帰ではないことは明白である．統計をみても海外の設備投資は減少するどころか増加を続けており，企業によっては欧米での設備投資の増加，あるいは中国での一貫大工場の建設を進めている日立や松下の事例も多い．すなわち事業・製品特性や競争戦略，そして世界的な企業内分業やSCMの推進の観点からの国内工場の新設や増強であり，それは世界最適生産・立地による，グローバル・グループによるネットワーク構築戦略の一環であるとみることが重要と思われる（百嶋，2005）．

(2) ブラックボックス戦略

ブラックボックス戦略（Black Box Strategy）には一般的な定義があるわけではないが，もともとブラックボックスは構造や機構がわからない密閉された機械装置を意味している．そこから派生したブラックボックス戦略は容易に模倣されないための技術流出防止の戦略に他ならない．日本企業ではシャープ，松下，キヤノンに代表される企業が採用している．その具体的戦術は前述の専有可能性を確保する方法と共通する部分も少なくないが，実際にブラックボックス戦略を実践している企業の実態からより具体的に整理すると，以下の5つが重要であろう（柳原・大久保，2004）．

まず，みたり分解したりしてわかるものは，①特許の取得を徹底することである．そして次にできる限り，②設計技術の秘匿をすることである．標準

化された製品は設計技術も公開されてしまうので，独自製品でなければ意味がない．また今日では一般化しているリバースエンジニアリング（Reverse engineering）すなわち，機械を分解，あるいはソフトウェアを解析して，製品の構造を分析し，さらに製造方法や設計図を推測する技術，技法によって，設計技術の模倣も容易になってきている．したがって部品を融合・組み合わせてシステム化してしまうことも設計技術をみえなくするひとつの方法である．シャープの事例でいえば半導体を液晶ガラス基盤に入れ一体化，システム化することによって，模倣できないものにしている．

③中核部品・材料の内製化も欠かせない．材料を明らかにしなければ部品も模倣不可能であり，製品は生産できない．したがって材料も部品も内製化することになる．さらに，④金型や製造装置の自社生産が必要となる．金型や製造装置は技術の塊であり，製造装置が独創的製品づくりを支えているのであり，その秘匿，内製化は重要である．さらに，⑤工場の完全防備である．専門家が生産工場をみれば技術的な秘密は流出してしまう．生産量やコストも推測が成り立つ，できる限りみせないように徹するのである．

こうした具体的方法は，その方法だけを模倣したとしても持続しないし，ブラックボックス戦略は成功しない．その基盤，前提を整備することは欠かせない．まずは，技術戦略としてオンリーワンの独自の技術・製品開発を目指す理念と実践である．他社技術や製品の追随を志向していては，そもそもブラックボックス戦略は成り立たない．独自なものであるからこそ模倣を防衛することが可能であり，意味があることはいうまでもない．

したがって，ブラックボックス戦略は製品ライフサイクルの導入から成長期に重要な戦略である．成熟期を過ぎた技術や製品はすでに世界的に普及・伝播しておりブラックボックス化の意味はない．しかし成長期であっても，いずれは技術は流出し模倣されるのが技術の本質であることを覚悟し，それが必然であることを前提にブラックボックス化を進める必要があろう．

そして組織戦略的には持続的な技術の練上げを促進する組織づくりが必要と

なる．シャープではデバイスと商品の連携をスパイラル戦略と称して，その部門間の連携，人材交流による新技術の共創，持続的な改良を図っている．また企業の蓄積された多様な技術の融合化を促進するためにも組織の壁を越えたコミュニケーション，情報共有そして新たな技術の創造を促す場づくりや組織制度づくりがポイントであろう．

そして，それを支える組織文化の醸成がもっとも重要な経営者・管理者の課題である．すなわち，フラットな人間関係で，フランクかつ建設的コミュニケーションができる風土，信頼をベースに相互研鑽，競争を楽しむ組織文化が欠かせない．さらにはシャープにもみられるような「技術は人に宿る．神は細部に宿る」考え方の共有も，人材そして技術を尊重し，細部や積み重ねを重視し，継続的な挑戦を行う組織文化は必須であろう．それこそがまさにブラックボックス化の原点であり，他社のもっとも模倣困難な基盤といえよう．

演・習・問・題

問1　プロダクト・イノベーションの連鎖モデルとは何か説明せよ．
問2　スマイルカーブについて簡単に説明せよ．
問3　ブラックボックス戦略のねらいを説明せよ．

参考文献

Abernathy, William, J. (1978) *The Productivity Dilemma*, The Johns Hopkins University Press.

Grant, R. M. (2002) *CONTEMPORARY STRATEGY ANALYSIS*, Blackwell

Kline, S. J. (1990) *Innovation Styles in Japan and The United States : Cultural Bases*, Implications for Competitiveness Standard University. (鴨原文七訳『イノベーション・スタイル：日本の社会技術システム変革の相違』）アグネ承風社，1992年）

藤本隆宏（2003）『能力構築競争』中央公論社

経済産業省ほか編（2005）『2005年版ものづくり白書』ぎょうせい
中村末広（2004）『ソニー中村研究所：経営は1・10・100』日本経済新聞社
文部科学省（2002）『科学技術白書 平成14年版』
野中郁次郎（2001）「日本の製造業の課題1～6」『日本経済新聞』1月19日～1月25日朝刊
寺本義也・山本尚利（2005）『技術経営の挑戦』筑摩書房
柳原一夫・大久保隆弘（2004）『シャープのストック型経営』ダイヤモンド社

―――《推薦図書》―――

1. 後藤康裕（2005）『勝つ工場―ものづくりの新日本型モデル』日本経済新聞社
    日本企業のものづくりの最新の実態を詳細に明らかにした書．
2. 寺本義也・山本尚利（2005）『技術経営の戦略』筑摩書房
    日本企業の技術経営をわかりやすく論述した書．
3. 柳原一夫・大久保隆弘（2004）『シャープの"ストック"型経営』ダイヤモンド社
    シャープの技術経営の事例を通じて日本企業の技術戦略，ブラックボックス戦略を総合的に理解するための好書．

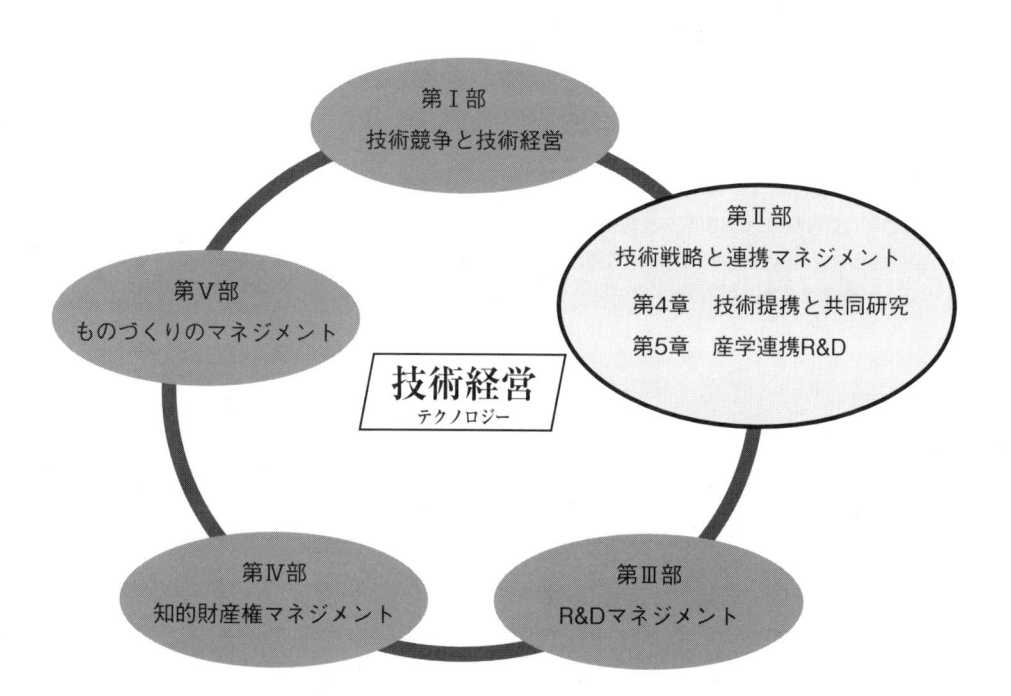

第Ⅱ部
技術戦略と連携マネジメント

- 第Ⅰ部 技術競争と技術経営
- 第Ⅱ部 技術戦略と連携マネジメント
  - 第4章 技術提携と共同研究
  - 第5章 産学連携R&D
- 第Ⅲ部 R&Dマネジメント
- 第Ⅳ部 知的財産権マネジメント
- 第Ⅴ部 ものづくりのマネジメント

技術経営
テクノロジー

第4章の要約

　技術戦略において，外部組織との連携は，情報や知識の導入・供与や共有，研究開発活動の分業から協業まで多様である．しかし，製品ライフサイクルの短期化，加速化する技術革新の速度，技術の不確実性などの要因により，一社単独での開発のコストおよびリスクが増大したため，企業は自前主義から脱却し，自社の研究開発を戦略的視点に基づいて，外部組織との連携によって発展させるに至った．

　本章では，70〜80年代の日本企業の成功モデルと，90年代のアメリカ企業の成功モデルから連携に至る経緯を分析し，外部研究開発資源の活用による競争優位獲得のための技術提携について明らかにする．技術提携には，技術導入や技術供与のほか，ジョイント・ベンチャーの設立や，共同研究などさまざまな形態があるが，企業は自社の保有する資源や開発の目的，そして事業へ与える影響，開発技術の優位性などから判断して，開発にもっとも適した形態を選択する．とくに画期的イノベーションをもたらす次世代テクノロジーの開発を目的とした競争優位構築のための技術提携では，企業間連携をいかにマネジメントするかが重要な課題となる．

第4章　技術提携と共同研究

1. 技術経営の世代進化

(1) 日本型技術経営——統合力の重視——

　技術経営は，時代の流れとともに大きな進化を遂げてきた．それは，70～80年代の日本型技術経営とよばれる第1世代から，80年代後半～90年代のアメリカを中心とするアメリカ型技術経営の第2世代，そして現在において模索中である第3世代である．アメリカ型技術経営は，それまでの日本型技術経営の良いところを取り入れ，さらに改良を加えただけでなく，日本型技術経営の基礎を成してきた組織モデルを揺るがすものとなった．このアメリカ型技術経営は，アメリカだけでなく，東アジアの新興企業の台頭にも大きく影響し，日本企業にとっても大きな課題となりつつある．

　日本型技術経営には日本の歴史的背景が大きく関わっている．戦後の日本は，先進諸外国，とくに欧米企業の技術水準と比較するとはるかに劣っていたことから，海外からの技術導入を活発に行っていた．このため，欧米企業に立ち向かうには，日本の技術開発は，現場力を鍛え，既存の製品の生産プロセスの改良から「品質管理」「コストダウン」「短期納入」を実現するプロセス・イノベーション（process innovation）を中心としていた．また，日本企業は終身雇用を原則とし，家族主義的経営もしくは集団主義的経営に根ざす組織重視の考え方にあった．これにより高度成長を遂げた70～80年代の日本型技術経営は，海外技術の吸収から自主開発による創造の段階へと移行しても企業内の垂直的統合による統合力を重視する傾向にあった．

(2) アメリカ型技術経営——垂直構造から水平構造へ——

　これに対し，80～90年代に発展したアメリカ型技術経営は，日本型技術経営を研究したことによって，主にシリコン・バレーを中心に発展した．これは，プロセス・イノベーションよりも，画期的新製品を開発するためのプロダク

ト・イノベーション（product innovation）を追求するものであり，組織よりも個人を重視し，高度な分業ネットワークを形成して，各々独立した企業を協業させることによりイノベーションを達成した．

この水平分業モデルのメリットは日本の垂直統合モデルによる統合力とは真っ向から対立するものである．

こうしたアメリカ型技術経営の水平分業モデルが発展した背景には，インターネットに代表される IT（Information Technology：情報技術）環境の急速な普及，アメリカにおける技術系人材の流動化がその要因としてあげられる．インターネットは業務の低コスト化を進め，水平分業の効率性を高めた．また，アメリカの技術者は主に職種単位で専門化していることから，企業内の異動より転職のほうが一般的である．これにより，企業が完全に技術的知識を囲い込むことは困難であり，競合他社や新興ベンチャー，さらには大学との水平的なネットワークの構築がイノベーションの創出には不可欠となっている．

(3) 第3世代の技術経営──統合から連携へ──

この垂直統合から水平分業への移行は分業単位ごとの新市場の創出を意味し，業界構造を大きく展開させることとなった．大企業ですら獲得が難しい新市場における技術的競争優位を有するファブレス企業（生産工程をもたない専門企業）や新興ベンチャーなどが台頭し，他社との連携・協力の必要性が高まったのである．

結果的に，アメリカ型技術経営では厳しい競争原理のもとにハイリスク・ハイリターンが重視され，製品ライフサイクルの短期化，加速化する技術革新の速度，技術の不確実性などの今日の技術開発の困難性から考えても，分業ネットワークによる競争優位の構築には限界が生じてきている．今日の企業は，長期的目標を伴う革新的イノベーションによる持続的競争優位の獲得に際して，企業間の相互作用を伴う連携ネットワークの構築へと転換期を迎えているといえるだろう．

2. 競争優位獲得のための技術提携

(1) 研究開発の「死の谷」

　今日の技術戦略においては，次世代テクノロジーによって，新産業の創出あるいは既存の産業構造を大きく変える可能性をもつイノベーションを起こし，競争優位を獲得することが業界における企業のポジションに大きく影響する．しかし，現実には企業が社内の研究開発から生じた発明をイノベーションにまで発展させるにはさまざまな困難がある．

　独自開発が困難をきわめた背景には，研究開発の「死の谷（Death Valley）」（詳しくは，第6章 p.82参照），「ダーウィンの海（The Darwinian Sea）」がある．基礎研究と応用・開発研究の間にはギャップがあり，基礎研究の研究成果が実用化され使える技術として確立されるまでを「死の谷」とよび，その後の事業化に行き着くまでの「ダーウィンの海」をこえて，発明は多様なビジネスへと発展を遂げるのである．従来の自前主義による研究開発では，「死の谷」や「ダーウィンの海」を克服し，技術革新の加速化，技術の複雑性などさまざまな困難への対応に限界がある．

　この「死の谷」は大企業には乗り越えることができないというのが，共通認識となりつつある．大企業には既存のビジネスがあり，そこには顧客もいれば，当然，株主もいるため，不確実性の高い技術開発を行うことによるリスクを犯すことが非常に困難なのである．

　事実，次世代テクノロジーにおいて競争優位を獲得した企業には，新規参入企業が多いのが特徴である．コンピュータ業界のマイクロソフト，インテルなどがその例である．しかし，現実には，次世代テクノロジーの開発に多くの資源をもたらしてきたのは，IBMなど既存企業であることはいうまでもない．マイクロソフトは，IBM搭載のOS開発を足がかりに独自のOS開発を成功させている．既存のインフラ，ブランド力，流通チャネル，そして資金力などの資源は既存企業のほうが圧倒的に優れている．

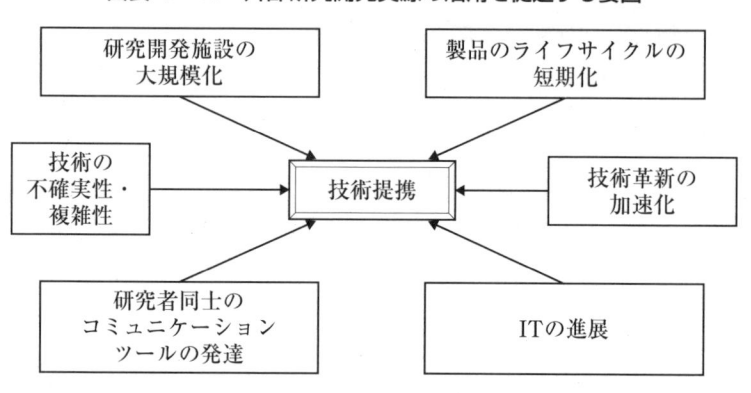

図表4－1　外部研究開発資源の活用を促進する要因

```
  研究開発施設の              製品のライフサイクルの
    大規模化                      短期化

  技術の
  不確実性・        →  技術提携  ←    技術革新の
  複雑性                              加速化

  研究者同士の
  コミュニケーション             ITの進展
  ツールの発達
```

　つまり，企業が直面している課題は，技術の不確実性とその複雑性，加速化しつつある変化への対応，そしてそこから新しい優位性を作り出すことである．そこで，競争優位構築という全社的技術戦略のもとに，長期的目標をたて，不確実性と複雑性に対処するためにも，外部組織との連携をはかり，変化の加速化にも対応することが重要となる．技術の潮流に対し，企業がどのような戦略で対応していくか．その主要なテーマのひとつが，外部資源を利用して迅速に開発を推し進める技術提携である（図表4－1参照）．

(2) 技術提携を促進する要因

　外部技術獲得戦略において，企業が経営資源の制約を克服するには，他の企業がもつ資源をそのまま買い取るM&A（Merger & Acquisition：合併・買収）と，互いの企業の独立性を維持したまま，緩やかで柔軟な関係を構築する技術提携がある．M&Aは，企業全体をひとまとめにして購入することから，技術力を個々に購入するよりも契約，交渉が煩雑ではないというメリットがあるが，不要な部門を抱えることになる他，手続き自体にも莫大な資金や時間がかかり，関係の解消が困難であるというデメリットもある．

　一方，技術提携は，異業種の企業間だけでなく，同一産業で競争する企業間，また，顧客との関係，サプライヤーとの関係，さらには大学や政府機関との間

で行われることもある.

　競争の激化によって，製造業の利益率が急速に低下しつつある今日において，不断の技術開発とコストダウンを行い，グローバルに競争し，スピード経営を図ることが利益率回復の急務となる．しかし，大規模化した研究開発施設を抱えたまま問題を解決することは困難である．そのためには，外部組織との提携が不可欠となってくる．

　研究開発投資が巨額になって一社単独による負担の限界を超えるため，外部組織との連携によって，投資資金を分散させ，リスク分散をさせる．そして，技術的イノベーションの変化速度が加速化することにより，連携を通じた多角的な情報の入手，より高度な技術開発を行うのである．結果として，技術提携は，ハイリスクの新事業分野へ参入する際の開発の加速化，リスクの分散を可能としてきた．

　この分野で先行するアメリカ企業では，自社の研究所を縮小して，社外ベンチャーへの投資，同業他社間でのコンソーシアムによる共同研究，異分野の技術パートナーとの協業型研究開発，新技術の初期段階をリードしたテックベンチャーの買収，さらにはコントラクト・リサーチとよばれる外部研究機関への委託研究という方法をとっている.

　組織を重んじ，垂直型技術経営を行ってきた日本企業においても，競争優位を獲得するにあたり，イノベーションを生み出し，その利益を獲得するためには，自社の研究開発資源のみでまかなうことは困難となっている．企業は外部組織との連携によるイノベーションに取り組み始めている．

3. 技術提携の類型

(1) 自社研究開発との違い

　技術戦略は，技術目標に向かっていかに開発あるいは移転させるかが課題となり，競争優位の獲得に大きく影響を与える．具体的には，技術目標をどのように達成するか，自社研究開発あるいは他社からの技術導入あるいは他社との

図表4-2　研究開発の類型

		技術の優位性	
		大	小
研究テーマの事業への影響度	大	独立研究開発	共同研究開発
	小	情報交流	技術導入

出所）根本孝（1990：139）

共同開発か，また保有する技術の供与（販売）も重要な戦略課題ということになる．

　研究開発の方法を選択する際，研究テーマの事業への影響度と，技術の優位性の二軸から図表4-2のような類型化が可能である．

　まず事業への影響度が低い技術については，ライセンシングによって対応することが多い．技術の優位性が高い場合，企業は未利用資源の活用という意味から他社へのライセンシングによって収入を得ることを選択する．また，技術の優位性が低い場合，ライセンシングを受ける企業は，技術戦略上，積極的に行うというよりも不得意分野の補充や，開発期間の短縮，開発費用を削減させる目的からライセンシングを受ける．ライセンシングは，すでに完成した技術が対象であるから短期間に新技術を獲得，吸収できるというメリットがあるが，その一方，技術情報が流出してしまうリスクもあり，結果的に，その成果に対して非常に高額な買い物となるというデメリットもある．

　そのため，事業への影響度が高い技術の開発は自社研究開発あるいは共同研究開発によって対応することがほとんどである．当然，技術の優位性が十分に高ければ，企業は単独での研究開発によって成果を囲い込むことを選択するだろう．基本的に自社研究開発は，開発した知識，技術，ノウハウの占有が前提となり，より大きな技術的優位性を獲得することが可能であるが，その一方で高いリスク，巨額な投資，長期の期間を伴うことになりデメリットも多い．

　それに対し，共同研究とは，研究開発を外部の組織と共同で行うことであるが，それには非公式な技術者同士の交流もあれば，開発の内容や期間，成功報

酬などについて契約を交わす公式的なものもある．共同研究は，「技術情報に関する市場の失敗を組織的に解決する方策」であり，技術情報がもつ消費の非排除性，外部性による単独開発による成果の占有性，収益性の減少を，外部組織とのグループ化によってリスク，コストそして成果の共有を可能にし，研究開発を効果的に展開する．

共同研究を外部技術獲得戦略として考えた場合，異分野間の技術者の相互作用によってシナジー効果が得られる可能性もあるが，その反面，パートナー選びや共同研究のマネジメントの難しさがあげられる．

企業は自らの技術資産の評価を客観的に行い，より良い相手先企業へのコンピタンスのアピールも必要であると同時に，企業の境界を明確にするために研究開発の内部化と外部化，競争と協調の区分をはっきりと分け，共同研究の管理運営を行わなければならない．

技術提携を技術戦略のひとつとしてとらえるためには，自社の技術が外部組織に正当に評価されなければならず，さらには企業間のシステムをいかに構築し，管理していくかが重要となる．

まず技術資産の客観的評価は，その技術が独自性の高い先進的技術であればあるほど困難になるといえるだろう．しかし，提携の前提としてだけではなく，自社の技術資産を評価することにより，導入が必要な技術，供与する技術，クロスライセンスする技術，自社開発を進める技術，そして提携によって開発を促進する技術の区別が可能となり，戦略的に情報開示を行うことが可能となるのである．

いわゆる「自前主義」を補完するという考えのもと，技術提携が選択された時期もあるが，今日では，「脱自前主義」として，さらには競争優位獲得という技術戦略的視点から，企業間の連携が選択される傾向にある．

(2) 技術提携の目的

導入，供与，クロスライセンスが，戦略上の契約によって管理されるのに対

し，共同研究はその目的によって，相互作用をともなう関係やプロセスのマネジメントが重要となる．

企業が技術開発において外部の企業と協力，分業する場合，パートナーとなる企業は，川上（部品，素材，設備メーカー），川下（完成品メーカー，流通業者），関連産業の企業，そして同業他社とさまざまである．大別すると垂直分業型と水平分業型に分けられる．しかし，技術経営の進化に加え，デファクト・スタンダード獲得など，企業が次世代テクノロジーなどの技術開発において優位性を構築しようとする場合，水平分業型の企業間提携やシリコンバレーに代表されるようなネットワーク型地域集積，さらには大学や公的研究機関からの情報収集も重要となってくる．

ダイアーとシン（Dyer, J. H. and Singh, H.：388−408）が指摘するように，次世代テクノロジーの開発によって競争優位を築くために技術提携を利用する場合，技術開発の各段階においていくつかの異なる目的が存在する．

① 機会の窓を開ける：市場および技術の不確実性がもっとも高い技術開発の初期段階では，企業は「ウィンドウ（機会の窓）戦略」を使って提携関係を構築する．企業は技術動向を効果的に追跡し，それについて学習することが成功の鍵となる．パートナー選びを慎重に行い，技術動向によってはパートナーを変更したりしながら，パートナーの技術を吸収し，自らの存在感を増していくことが重要となる．

② オプションを探求する：技術の不確実性は，開発が進むにつれて低下していくものだが，未来の市場で優位性を築く方法は複数存在するものである．早い段階でひとつの技術にコミットすることはリスクが高い．この段階での技術提携は，将来勝ち残る技術にアクセスするための機会として利用される．

③ 有利なポジションを獲得する：技術の不確実性が十分に低下するまで開発が進むと，競争上のポジションを通して優位性を追求する機会が市場に現れる．この段階まで到達すると，技術提携はコスト削減など規模の優位性を達成するために，補完的能力をもつパートナーを選び，その市場でのポジションを

獲得することに努力する．

　アライアンスの目的が何であれ，成功するアライアンスを形成したり，価値を生み出したりするには，関係をマネジメントする能力が必要となる．科学や技術の価値が優れていてもそれが市場での価値に結びつかない場合，競争優位は獲得し得ない．① 境界の設定，② 関係のマネジメント，③ プロセスのマネジメントを意識的に行うことにより，その成果を優位性に結びつけることが可能となるのである．

4. 企業間連携のマネジメント

(1) 境界の設定

　どこまで自社単独で行い，どこから外部組織との連携によってまかなうのか．それは独自開発の便益とそれにかかる費用，そして提携の便益とそれにかかる費用から判断しなくてはならない．実際には独自開発による非効率から提携が選択されるわけであるが，その際にも自社資産の評価と，パートナー候補の資産の評価が重要となる．企業の能力は，企業間で異なるため，社内では不十分な能力については，他社の魅力的な能力との連携が望まれるのである．しかし，企業の能力は，連携を含めたさまざまな活動によりダイナミックに変化していくものでもある．技術提携においては，社内外の技術的価値や潜在性を判断する能力，技術的知識を理解する能力，技術を自社に適応させ，活用する能力というような技術を吸収する能力も必要であり，この能力は独自に育成するほかない．社内研究は今後の連携マネジメントのための吸収能力の育成の視点からも境界を設定しなくてはならない．

(2) 関係のマネジメント

　具体的な提携関係に進展すると，企業間の関係は，資本参加や人的交流を進めることで，相互の信頼関係を確立し，情報を共同で蓄積していくことが可能になる．成功する技術提携を形成し，技術提携から価値を生み出すには企業間

の関係をマネジメントする能力が必要になるのである．

　まず，組織の境界を超えて知識を共有する方法が必要となり，外部の知識を探求するには，その知識を吸収する能力が必要となる．そのためには知識を共有させる基盤の整備と相互作用の促進が重要となる．また，知識が移転される際，受け手側企業に比べて移転側企業が大きなコストを負担するため，資本協定や相互規範など適切なインセンティブが必要となる．

　次に，技術提携を行う際に，自社資産に必要な，補完性の高い資産を保有するパートナーを選ぶ必要がある．パートナー企業に限らず，自らも独自性の高い資源を技術提携に持ち込むことによって，シナジー効果も高まるのである．また，パートナー企業が互いにそのシナジー効果から便益を得られるような組織メカニズムも重要である．

　そして，関係が進展すると，スタート時に互いが有する資産より，技術提携によって生じた新たな資産がより重要性を増してくる．パートナーとの連携から相互に特殊化された資産をマネージするプロセスが必要となる．技術の不確実性が十分に低下し，競争上のポジショニングにも成功すると，提携関係によって生じた資産の特殊性がライバルの模倣を困難にし，持続可能な競争優位の源泉となるためである．

(3) プロセスのマネジメント

　最終的には，パートナーとの関係のマネジメントと同様に，実際の運営をどのように行うのかというプロセスのマネジメントも非常に重要な問題である．技術提携は，リスクを分散させ，自らの負担を軽くするだけではなく，連携によって新たな優位性を構築するものである．技術提携において競争優位を獲得するには，パートナー間の互恵関係および共同責任を明確にするだけでなく，脱自前主義による必要に応じた部分的関係の構築，そして技術戦略上の柔軟性を保つために永続的ではなく状況に応じたダイナミズムを内包した関係を構築することが重要となる．

このような連携のプロセスにおいては，① 自社およびパートナーの技術力および，提携の結果生じた能力を評価する能力，② 提携を通じてパートナーから学ぶ能力，③ パートナーとの利害，企業文化，コミュニケーションなどを調整する能力，④ 提携の結果生じた資産を自社に持ち帰って活用するための内部の調整能力が必要となる．

技術提携は，契約の内容の終了と同時に消滅するものかもしれない．しかし，競争優位獲得のための技術戦略的視点から考えれば，今後もさまざまなパートナー間で継続していくものである．そのため，成功の可否は，特許化や占有可能性というよりも，今後の提携のための接着剤として，魅力ある独自の資産を構築することができたか，そして連携の成果を活用するシステムが社内に形成されているかどうかによって判断すべきであろう．

演・習・問・題

問1　企業が技術提携を行う場合のメリットとデメリットを述べよ．
問2　垂直統合から水平分業への転換によって生じた変化を述べよ．
問3　連携のマネジメントにおいて，自社開発が必要となるのはなぜか．

参考文献

Dyer, J. H. and H. Singh (2000) "Using Alliances To Build Competitive Advantage In Emerging Technology," in Day, G. S., Paul, J. H. Schoemaker and R. E. Gunther (eds.), *Wharton on Managing Emerging Technologies*, John Wiley & Sons Inc.（小林陽太郎監訳「次世代テクノロジーにおける優位性構築のためのアライアンス」『ウォートンスクールの次世代テクノロジー・マネジメント』東洋経済新報社，2002年）

根本孝 (1990)「製品開発における競争的強調」『グローバル技術戦略論』同文舘

武石彰 (2001)「イノベーションと企業間システム」『イノベーション・マネジメント入門』日本経済新聞社, pp. 188-217

寺本義也・山本尚利 (2004)『技術経営の挑戦』筑摩書房

―――《 推 薦 図 書 》―――

1. Day, G. S., Paul, J. H. Schoemaker and R. E. Gunther (2000) *Wharton on Managing Emerging Technologies,* John Wiley & Sons, Inc. (小林陽太郎監訳『ウォートンスクールの次世代テクノロジー・マネジメント』東洋経済新報社，2002年)

   とくに「次世代テクノロジーにおける優位性構築のためのアライアンス」は技術提携によって次世代テクノロジーを開発し，競争優位を構築するという視点から組織のマネジメントについて解説．

2. Hamel, G. and Yves, L. Doz (1998) *Alliance Advantage: The Art of Creating Value through Partnering,* Harvard Business School Press, Boston, MA. (志太勤一・柳孝一監訳『競争優位のアライアンス』ダイヤモンド社，2001年)

   戦略的アライアンスの活用と，その価値創造，そしてそのコラボレーションのプロセスについて分析．

3. 一橋大学イノベーションセンター (2001)『イノベーション・マネジメント入門』日本経済新聞社

   とくに，「第7章イノベーションと企業間システム」は連携のマネジメントについてわかりやすく解説．

4. 根本孝 (1990)『グローバル技術戦略論』同文舘

   技術戦略の国際化について，論理的にさまざまな視点から解説．

5. 寺本義也・山本尚利 (2004)『技術経営の挑戦』筑摩書房

   技術力によって競争優位を獲得するための新たな「技術経営」について，具体的に企業を検証．

第5章の要約

　企業は企業間連携と同様に，大学の研究開発を重要な外部研究開発資源として位置づけ，連携による競争優位の獲得を図るようになった．産学連携の促進には，シリコンバレーの成功例からも明らかなように，企業が自前主義から脱却し，産業全体が水平的な連携ネットワークを構築しつつあることだけではなく，本来オープンな機構である大学が複数のパートナー間の連携のプラットフォームとして機能し，目的や価値観の異なる組織・人材の交流の場となりつつあること，そして政府による知的財産の取扱いや技術移転に関する法的整備が大きく影響している．とくにアメリカのバイ・ドール法を始めとする大学の発明の帰属に関する法的整備は，大学の知的財産戦略を活発化させ，大学が連携のプラットフォームとなる要因をもたらした．

　本章では，日米産学連携の違いの検証により，産学連携を競争優位獲得のシステムとして理論的に分析し，産業界における産学連携，とくに中小企業やベンチャー企業と大学の連携について明らかにする．

第5章　産学連携 R&D

1. 中央研究所時代の終焉

(1) 自前主義からの脱却

　アメリカにおいても，1920～1980年頃まで，主な技術革新の担い手は大企業の中央研究所であった．そのため，中央研究所という企業内に垂直統合された社内組織において，基礎研究を行うことが重視されていた．

　当時の企業の研究開発は「研究→開発→生産→販売」という一方向で流れるリニアモデルが主流であった（第3章図表3-2参照）．リニアモデルは，「基礎研究→応用研究→開発研究」という研究開発プロセスの推移から，「科学→技術→産業」をも意味し，科学を産業技術の源泉，技術を科学の応用と位置づけてきた．科学と技術は分けられ，科学が技術の上位におかれたのである．これは，優れた基礎研究のないところには優れた産業技術は生まれないという考え方である．

　しかし，中央研究所には当初からパラドックスが存在していた．そもそも企業では，新科学・技術の創造だけでなく，商品化による利益達成を目指さなくてはならない．そのため，企業は優れた人材を採用するために，大学の研究所に匹敵するよう，中央研究所に対して巨額な投資を行うと同時に，その研究開発投資の有効性をトップ・マネジメントに提示しなければならなかった．欧米では，大学の研究者に比べ，企業の研究者を「二流」とする風潮が強く，優れた人材は大学での研究を選択する傾向にあったことも影響している．つまり，中央研究所の運営には，巨額な投資が必要であると同時に，その投資の資金回収が前提とされるわけである．当然のことではあるが，現実には，資金回収に失敗する企業は少なくない．それでも，巨額な研究投資の維持が可能であった時代はパラドックスを抱えながらも中央研究所は存続してきた．しかし1980年代以降のビジネス環境により，企業の経済的利益への貢献がみられなければその存続は困難となった．

時代は，自前主義による中央研究所による研究開発よりも，他の企業や大学など外部組織との連携・協力による研究開発へと移行していったのである．

(2) なぜ産学連携か

企業間提携，複数企業のコンソーシアムなど他の外部組織との連携と比較して，産学連携が選択される理由はいくつかある（図表5－1参照）．

企業間連携と同様に，共通のインターフェースを構築した点において，ITの進展も大きな要因のひとつであるが，なによりも，シリコンバレーという成功モデルの存在が大きくあげられる．中央研究所の時代から産学連携の時代への転換は，シリコンバレーで起こったといっても過言ではない．シリコンバレーには，大企業の中央研究所とは異なる研究開発モデルが機能していた．そこには，スタンフォード大学やカリフォルニア大学バークレー校に代表される大学，アントルプルヌールシップあふれる人材，彼らをサポートする個人投資家，ベンチャー・キャピタリストが集積していた．

図表5－1　産学連携を推し進めた要因

```
              ┌─────────────────────────┐
              │ <官>                    │
              │・大学への研究資金援助の縮小  │
              │・知的財産の扱いや移転に関する │
              │  法的整備                │
              └───────────┬─────────────┘
                          │
┌──────────────────┐      ▼      ┌──────────────────┐
│ <産>             │   ┌──────┐   │ <学>             │
│・脱自前主義→      │──▶│産学連携│◀──│・連携のプラットフォーム│
│  社内研究所の縮小  │   └──────┘   │  としての発展      │
│・技術経営の水平分業 │      ▲      │・大学発ベンチャーの台頭│
│  構造への転換     │      │      │                  │
└──────────────────┘      │      └──────────────────┘
              ┌───────────┴─────────────┐
              │ <環境>                   │
              │・ITの進展→              │
              │  インターフェースの構築    │
              │・シリコンバレーのように    │
              │  活発な個人投資家や       │
              │  アントルプルヌールシップあふれる│
              │  人材の確保など          │
              └─────────────────────────┘
```

つぎに，政府による産学連携への誘導も重要である．たとえば，大学への研究資金援助の縮小は，大学から産業界への資金援助の要請という構造を作り出している．また，知的財産の扱いや移転などに関するさまざまな法的整備も，産学連携の促進要因となっている．

シリコンバレー周辺のスタンフォード大学の例にもあるように，オープンな組織である大学が複数のパートナー間の連携のプラットフォームとして機能することも重要である．本来，オープンな機構である大学は，連携のプラットフォームとして，目的や価値観の異なる組織・人材の交流が可能である．また他の要因とも関連して，大学が自らスタートアップ企業を立ち上げ，大学発ベンチャー企業が台頭してきたことも連携の促進要因であり，その成果でもある．

企業にとっても，脱自前主義による社内研究所の縮小，技術経営の水平分業構造への転換により，大学の優れた基礎研究能力を重要な外部資源と位置づけるにいたっている．

そして，現実にバイオテクノロジーなどの分野で大学の研究成果が産業界に大きな影響を与え始めたことなども影響しているといえるだろう．

2. 日米産学連携の違い

(1) アメリカにおける産学連携の法的整備

日本とアメリカの産学連携には，大学の研究開発に対する価値観や文化，また法的基盤の差により大きな違いが生じた．それは発明の帰属に関する問題にある．

産学連携において「技術移転」は非常に重要な意味をもつ．そもそも，大学は産業活動の主体ではなく，大学での知的活動の成果は産業界を通じて，産業的な価値に変換しなければならないのである．これが大学から産業界への「技術移転」である．そのためにはすでに述べたような企業の脱自前主義と大学の知的財産の帰属の問題が伴う．

大学から産業界へ知の移転を行うには，大学の知的活動の成果を大学が資産として保有していることが前提となる．1980年にはアメリカでバイ・ドール

法（Bayh-Dole Act）が成立し，それまでは原則国有とされるような連邦政府資金による研究が生み出した特許などの知的財産であっても，その研究を実施し発明を実現した当の大学に帰属させることが可能になった．バイ・ドール法以前は原則すべて国有であったため，実際に活用されず休眠している特許も多かった．バイ・ドール法の成立は，大学が発明の成果をライセンスによってライセンシーへ供与し，利益を獲得することを可能にした．また，産業において発明の開発が困難な場合などには，大学の発明者が自ら技術の開発に特化したスタートアップ企業を設立し，ベンチャー・キャピタルなどの資金提供を受けることにより，大学における発見が企業にとって魅力的な投資先となるまで育て上げることも可能にした．

産学連携においては産業側の要請のみだけではなく，大学側にも知的財産を保護し，それを効率よく産業界に移転するシステムが必要となる．バイ・ドール法以降，アメリカの大学では，特許など扱う部門（TLO：Technology Licensing Organizationなど）が急増し，知的財産の管理や技術移転について積極的な取組みが行われている．

しかし，大学で生まれた知的財産を，産業的な価値に変換し，収益を上げることにより，大学がライセンス収入などを目的とした研究開発を行うことは，産学連携の目的ではない．あくまでも大学は産業界では担えない基礎研究を行い，それをバイ・ドール法やTLOなど法的整備を通じて，効率よく活用することが重要であるといえる．

また，産学連携の進展は，大学や教員が外部から得る私的な利益と果たすべき責務とが相反するという「利益相反（Conflict of Interest）」，教員の外部での責務と所属組織での責務が相反する「責務相反（Conflict of Commitment）」という問題を生み出している．大学は教育や先進的研究という本来の役目を見失わずに，産業との連携によって成果を社会へ還元することが求められている．産学連携の先進国であるアメリカでは，すでにこうした問題にも規定を設け，取り組みが進められている．

(2) 日本における産学連携の法的整備

これに対し，日本では大学が企業と研究協力契約に関する交渉を行うことに対する制約が多い．大学と企業との研究協力から生まれた発明の帰属と移転に関する法律や通達は明瞭さに欠け，解釈がさまざまであることが問題であった．

日本の国公立の大学人の発明の帰属も，1978年の旧文部省通達以前は原則国有であったが，1978年以降は原則個人であり，国へ帰属するのは応用開発を目的とする研究において国の研究経費を用いた場合の発明や国有の研究施設・設備を用いた研究の結果生じた発明などに限定された．

しかし，こうなると特許の出願などにかかる諸費用は個人負担となり，適切に処理できないことも多くなる．その場合，企業から研究費を獲得し実質的には企業が出願するケースが多くなる．この場合，発明者は発明人として名は残すが，特許による収益は企業が得ることとなる．こうした特許の企業帰属の見返りとして，違法ではあるが大学は企業から寄付金をもらうこともあり，寄付をした企業に特許が譲渡されるというケースも少なくなかった．

しかし，産学連携の動きは日本においても急速に活発化してきている．とくに1995年の科学技術創造立国を目指した科学技術基本法，1998年の大学等技術移転促進法，2000年の国立大学の教官に関する兼業規定の緩和，2004年の国立大学独立行政法人化といった法的整備が急速に進められている．

とくに大学など技術移転促進法では，技術移転を行う機関であるTLOや移転手順などが規定された．TLOは主に大学を拠点に設置され，基礎研究の成果を企業に移転するコーディネート的な役割を果たしている．

そして国立大学の法人化は，知的財産の大学への帰属を可能にし，大学はTLOを通じて，知的財産を企業に移転させることが可能となった．既述のように，2004年の法人化以前は，大学人による発明の所有権は，法人格のない大学には帰属しなかったのである．法人化は，大学が契約の当事者となること，資産の所有者となることを可能とし，産学連携をより活発化させてゆくことになるだろう．

その他の法的整備，企業側の大学との連携による知的資産の活用による競争優位構築の動きともあわせて，産学連携はシステムとして完成された形となっていった．

しかし，実際に産学連携が成果を上げるためには法的整備だけでは不十分である．産学連携とは，産学の間に知的交流があり，そこから連携が生まれてくることにほかならない．企業間連携と同様に連携のマネジメントが重要となってくる．

3. 産学連携マネジメント

(1) 産業界における産学連携

産学連携の形態としては，大学から産業界に働きかけてスタートするもの，産業界から大学に働きかけてスタートするもの，また産と学が共に特定のテーマについて共同で研究するものとさまざまある．

大学における産業界との連携では，大学が個人所有もしくは大学所有の自主開発研究技術をTLOを通じて企業へ技術移転すること，自ら大学発ベンチャーによって発展させることが主要なテーマとなる．

産業界における大学との連携では，企業から大学への特定のテーマについての研究委託，共同研究が主要なテーマとなり，大学と企業の連携において，大学の研究と企業の事業化へのニーズとの整合性を図らねばならない．

また，産学連携は産業分野によって展開が困難なものもある．シリコンバレーでの発展がいちじるしいコンピュータ業界などは，共同研究によって生じた成果の経済的寿命は比較的短く，むしろ業界標準に適合することが重要となるため，オープンプラットフォームを通じた共同研究が適している．

これとは対照的に，バイオテクノロジーや，製薬業界では革新的技術の開発にコストがかかる上に，製品の経済的寿命は長いため，特許取得が非常に重要となる．つまり，このような分野では多数のパートナーが参加するオープンプラットフォームを通じた共同研究は困難なのである．秘密保持の問題や，特許

出願や大学の学会発表のタイミングなどのスケジュール管理などそのマネジメントはより困難なものとなるのである．

　企業は，産学連携による研究開発をアウトソーシングととらえた場合，自社で行うよりも低コストで高度な研究成果が期待でき，人件費も削減でき，加えて，自社資源を得意分野の業務に集中できるなどの効果を期待する．これは，大企業だけでなく単独では研究開発資源をもたない中小企業やベンチャー企業にとっても効果的に機能する．

(2) 中小企業と産学連携

　欧米では産学連携は大企業よりベンチャー企業や中小企業において効果的に機能するとされるが，日本では産学連携は大企業が中心となって行っていた．

　これには，日本ではベンチャー企業が台頭しにくかったこと，そして大企業が困難を要しながらも破壊的イノベーションに取り組んできたことがその要因として挙げられる．

　しかし，中小企業の研究開発を促進する法的整備により，中小企業やベンチャー企業にとっても産学連携が推進されるようになった．なにより，国際競争激化により，産学連携を通じたイノベーションを企業成長のエンジンとして活用すべき状況となってきたことも重要である．

　中小企業の産学連携におけるメリットは，大企業と同じく単独では困難な高度な基礎研究を大学との連携によって行うことであるが，大企業以上にそのメリットは大きい．資金的な面も重要ではあるが，大学の教授らと高い研究水準において，充実した研究設備を利用して研究開発を行えること，そして大学との人脈の形成によって，相談相手ができることが連携のメリットとして挙げられる．

　大学にとっても，中小企業との産学連携は研究費用の確保の他に技術還元による地域貢献の意味合いが強く，大企業との連携と比較して，企業側の熱心さ，意思決定の早さがそのメリットとして挙げられる．

産学連携を成功させるには，目標の設定および明確化，連携先の探索や関係の構築，そして実施の段階では費用や成果についてのさまざまな取り決めを行うことが重要となる．

　企業間の連携と同様に，企業の境界を設定し，連携を行う具体的目標を設定することによって，インターネットや学会誌，各種交流会，そしてTLOなどの機関を通じて提携先を探し，積極的にアプローチを行うことが可能となる．

　中小企業における産学連携が失敗するケースは，実施の段階で問題が生じることが多い．採算が合わなかったり，マーケット情報が研究開発にフィードバックされず，連携の成果に不満が残ることなどがその例として挙げられる．産学の相互作用による研究テーマの再吟味は重要であり，また実施においては費用分担や成果の取り扱いについて明確に取り決めることも重要となる．とくに成果については，大学の教員が学会で発表しようという傾向が強いため，企業の特許戦略を行ううえで，教員の学会発表と出願のスケジュールなどの取り決めを行うことも重要となる．

(3) ベンチャー企業と産学連携

　産学連携を大学側の視点から論じれば，知的財産の活用には，ベンチャー支援や地域振興も重要な法的整備として挙げられる．大学の基礎研究による発明は，大企業での活用が困難であったり，産業への移転が困難なこともある．その際には，大学は自らスタートアップ企業を立ち上げ，大学発ベンチャーとして発明の開発を担ったり，新興ベンチャーが新技術の開発を行うほうが成果をあげることも多い．基礎研究が，「死の谷」や「ダーウィンの海」を乗り越えて，実用化される場合にも，ベンチャー企業は有効に機能する．大企業は継続的な利益の確保のため既存の優位性を脅かしかねない破壊的イノベーションに取り組むことが困難なのである．これに対し，ベンチャー企業は大学の技術をもっとも効果的に実用化，商業化できる方法なのである．

　また，ベンチャー企業と大学の関係は，共同学習によってお互いの価値を創

造していくものとなっている．大学の教授や学生も企業との共同研究から多くを学び，大学発ベンチャーが増加する要因ともなっている．

つまり，ベンチャー企業と大学との連携では技術面だけではなく，経営や技術開発のプロセスも含めた教育的意味合いも重要となってくるのである．

ベンチャー企業が産学連携において成功するには，連携を通じて技術的にも経営的にも優秀な人材を確保することに加えて，シリコンバレーのように資金を提供して，必要な人材を確保し，また，将来の顧客や供給者を特定し，コンタクトをとる手助けをしてくれるベンチャー・キャピタルの投資家が存在すること，そして必要な製品やサービスを提供する垂直分化されたビジネス環境が地元に存在することが重要となる．

4. 産学連携における日本の課題

日本の産学連携への波はアメリカと比較して20年遅れでやってきた．今後の課題は，ベンチャー企業の育成と，大学を連携のプラットフォームとして充実させていくことにあるといえるだろう．

日本ではベンチャー企業が生まれにくい．新しい事業分野にも大企業が乗り出してくるからである．大企業は不況下でも研究開発費を減らすどころか，リスクの高い新規事業に乗り出すこともある．大企業は，多数の大学に奨学寄付金を提供し共同研究も複数行うケースが多いが，その一方で，具体的な研究成果を期待して特定の大学と共同研究を行い成果を上げる中小企業が増えている．これは産学連携の主役が大企業から中小企業へと転換しつつあることを意味する．そして，大学とその地域の中小企業との産学連携により地域振興が進められていく．

また，バイオテクノロジー産業のように高度で複雑かつ専門的知識を必要とする産業では，大学と，大学発ベンチャー，そして大企業の役割分担による連携が進みつつある．知の創造を大学が，アントルプルヌールシップによる知の事業化を大学発ベンチャーが，そして製造と販売を大企業が行うという分業構

造である．

　これは水平分業にとどまらず，相互作用的連携，共同学習，内部学習により，産学の共進化のシステムとなりつつある．

　企業側からみた日米大学の違いも産学連携には大きな影響を及ぼしている．アメリカの大学では共同研究を行う際，大学教授の方から企業に対して研究計画のプレゼンテーションがあるのに対し，日本ではこうした動きはまだ少なく，また企業との研究テーマのずれも問題となる．日本の成功事例から分析すると，企業の技術者側から大学の研究テーマへのアプローチを行うことが多く，大学が積極的にその魅力をアプローチすることが今後の課題となるだろう．

　産学の連携ネットワークは，産学連携によって相互特殊化された資産や，内部学習によって独自性を高めた資産が，さらなる連携の接着剤として発展していく．産学共に連携のための，コア・コンピタンスの構築が重要となってくるであろう．

　また，アメリカ企業は，人材の流動化が激しいため知識やノウハウを企業ではなく大学にプールする．つまり，大学が連携のプラットフォームとしての機能を果たし，その魅力から多数の参加メンバーが集まり，さらにそのネットワーク外部性により，大学の価値が増していく．

　アメリカでは，技術面だけでなく経営の分野でもビジネス・スクールなどを通じて大学と企業の連携が活発であり，相乗効果をもたらしているのである．

演・習・問・題

問1　中央研究所の終焉と産学連携の発展の流れを端的にまとめなさい．
問2　日本の産学連携を促進した法的整備について述べなさい．
問3　ベンチャー企業における産学連携のメリットを述べなさい．

参考文献

長平彰夫・西尾好司編著（2003）『知財立国の実現に向けて　動き出した産学官連携』中央経済社

西村吉雄（2003）『産学連携―「中央研究所の時代」を超えて』日経BP社

田口敏行（2003）『産学協同と研究開発戦略』白桃書房

《推薦図書》

1. 原山優子編著（2003）『産学連携―「革新力」を高める制度設計に向けて―』東洋経済新報社

    海外における産学連携の事例と日本の現状を踏まえ，今後の産学連携の推進について論述．

2. 長平彰夫・西尾好司編著（2003）『知財立国の実現に向けて動き出した産学官連携』中央経済社

    産学連携について，知的財産権の動向を踏まえて，実務面も交えて体系的に記述．

3. 日本経営教育学会（2005）『経営教育研究8―MOTと21世紀の経営課題』学文社

    MOTの経営課題を多面的に扱っているが，とくに第11章では産学連携のマネジメントを，事例を通じて検証している．

4. 西村吉雄（2003）『産学連携―「中央研究所の時代」を超えて』日経BP社

    中央研究所時代の終焉やネットワーク時代の産業構造と関連づけて，産学連携の推移と今後の課題について論述．

5. 田口敏行（2003）『産学協同と研究開発戦略』白桃書房

    産学協同とそれを活用しての研究開発戦略のメカニズム，有効性，意義，今後の課題について，日本の研究開発戦略の歴史を踏まえて論及した書．

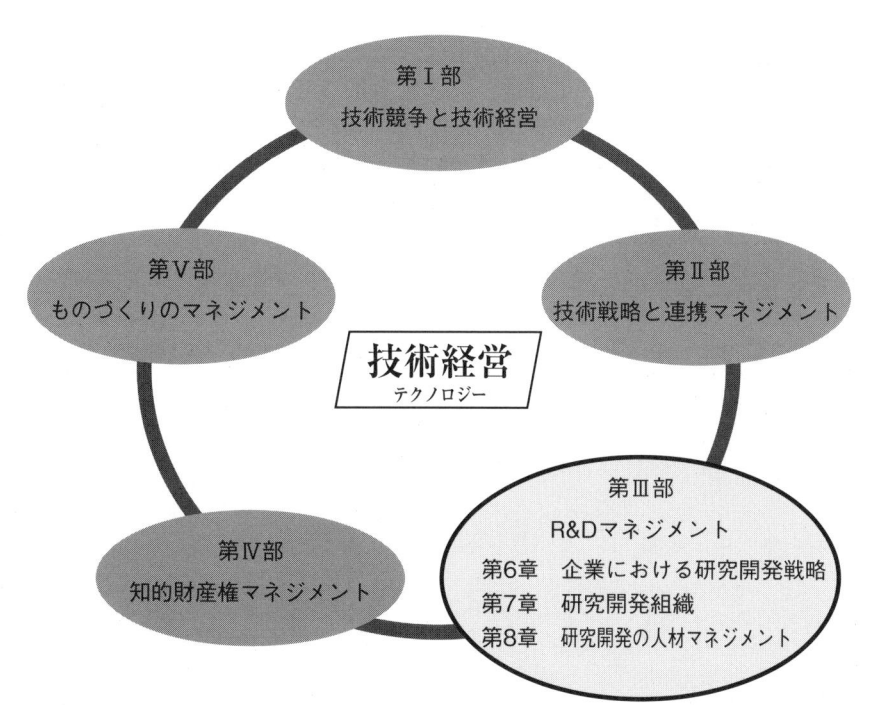

第Ⅲ部
R&D マネジメント

- 第Ⅰ部 技術競争と技術経営
- 第Ⅱ部 技術戦略と連携マネジメント
- 第Ⅲ部 R&Dマネジメント
  - 第6章 企業における研究開発戦略
  - 第7章 研究開発組織
  - 第8章 研究開発の人材マネジメント
- 第Ⅳ部 知的財産権マネジメント
- 第Ⅴ部 ものづくりのマネジメント

技術経営
テクノロジー

第6章の要約

　企業は限りある経営資源の中で最大の効果を発揮できるよう，研究開発の選択と集中を進めている．選択とは研究開発の範囲を決めることである．その際に考慮すべきことは，研究開発の領域を企業のドメインと一致させること，そしてその中でもコア技術に関係するテーマを選定することである．一方，集中とは研究開発の深さを決めることである．属する産業の特性，市場からの期待水準，事業戦略との関係から，短期，中期，長期という時間軸を考慮した研究開発ポートフォリオを決定しなければならない．
　さて，企業における研究開発とは手段であり，目的ではない．企業の目的である利益に結びつけるためには，研究開発成果の事業化が必要になる．しかし，さまざまなしがらみで事業化の意思決定が行われないこともある．あるいは，事業化の意思決定が行われたとしても，実際に事業として離陸させることは容易ではない．そのため企業の研究開発戦略は，研究開発成果の事業化までを含めて検討されなければならない．

第6章 企業における研究開発戦略

1. 研究開発とその発展

(1) 研究と開発

「研究開発」という言葉は頻繁に用いられるが、その言葉からイメージするものは人によって異なると思われる．というのも，研究開発という言葉の定義自体が曖昧であり，さまざまな解釈のもとで使用されているからである．

研究開発は，「研究」と「開発」に分類される．そして研究は「基礎研究」と「応用研究」に分けられる．つまり，研究開発の中には，基礎研究，応用研究，開発という3つの要素が入っている（図表6－1）．

「基礎研究」とは，自然現象の本質を追い求めて科学的知識を発見する活動であり，研究者の好奇心によって進められる．そして，そのアウトプットは論文という形でまとめられる．極端な例をあげると，ニュートンの万有引力の法則やアインシュタインの相対性理論は基礎研究の成果である．一方，「応用研究」とは獲得した知識を事業に応用する方法，すなわち，技術を発明するための活動であり，事業化を前提に進められる．そして，そのアウトプットは技術である．しかしながら，基礎研究と応用研究との間に明確な線引きができるわけではない．基礎研究の中でも製品への応用を強く意識した研究もあれば，応

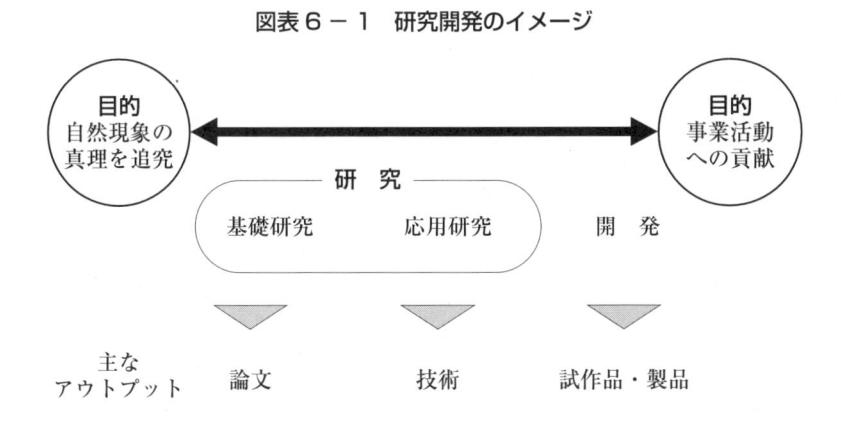

図表6－1　研究開発のイメージ

目的			
自然現象の真理を追究 ⇔			事業活動への貢献
	研　究		
	基礎研究	応用研究	開　発
	↓	↓	↓
主なアウトプット	論文	技術	試作品・製品

用研究の中でも科学的知識の活動にさかのぼりながら行われるものもある．そのため，とくに日本では基礎研究と応用研究を明確に区分している企業は少ない．

「開発」は，研究活動から得られた知識や技術を用いて，新しい材料，製品，あるいは生産方法を開発したり，改良することをいう．そして，試作品や製品が生み出される．ちなみに，この段階での製品は，まだ量産に耐えられるものではない．

これら3つの要素を，液晶ディスプレイを例にあげて簡単に説明すると，結晶と液体の中間状態にある液晶という物質を発見したことや，液晶分子の性質を明らかにしたことが基礎研究の成果である．そして，液晶分子の配列を制御することで光を透過させる技術を発明したことが応用研究の成果である．さらに，他のさまざまな技術を組み合わせて，画面表示できるディスプレイを試作したことが開発の成果となる．

(2) 発展

1) 中央研究所の誕生とリニアモデルの信奉

研究開発について過去にさかのぼって詳細に調査をしたローゼンブルーム (Rosenbloom, R.) とスペンサー (Spencer, W.)，あるいはロバート (Robert, B.) によれば，企業の研究開発活動は以下のように変遷していった．

もともとアメリカでは企業内で研究活動は行っておらず，エジソンなどの発明家から研究成果を購入して製品化を行っていた．しかし，19世紀後半になると，積極的な理由と消極的な理由が絡み合って企業内研究所，いわゆる中央研究所の設立が進むことになった．積極的な理由とは，ヘキスト，BASF，バイエルなどといったドイツの染料メーカーが研究所を設立したことに触発され，自社で研究を行うことの重要性を認識したことである．他方，消極的な理由とは，アメリカ司法省独占禁止部門の調査を逃れることであった．当時，大企業が研究を行わず，資金力にものをいわせて発明家から研究成果を買いあさるこ

とに対してアメリカ政府は好ましく思っていなかった．そのため，政府の顔色を伺うために自社で研究活動を行うことを余儀なくされたのである．こうして，GE，AT&T，デュポン，コダックをはじめ，アメリカの多くの企業が研究所の設立を進めていった．

このように，当初は研究所の貢献について半信半疑な企業もあったが，その後研究所の設立を加速する出来事が起こった．1914年に勃興した第1次世界大戦，および1941年に勃興した第2次世界大戦の過程で科学的知識の発見は潜水艦や航空機，原子爆弾や極超短波レーダーなどの兵器開発に結びついた．また，1930年代になるとデュポンの研究所からナイロンが生み出されデュポンに莫大な利益をもたらした．このような出来事を目の当たりにした企業では研究開発活動に対する信奉が強まり，1950年代のアメリカでは中央研究所の絶頂期を迎えた．ウォール街でも，研究開発計画さえあれば，たとえ市場が理解できない内容であっても進歩的な企業とみられたという．

このころの研究開発に対する見方は，「リニアモデル」とよばれる．基礎研究の成果が新製品開発に結びつき，生産，販売を通して大きな利益をもたらすという公式である（第3章，図表3-2参照）．ちなみに日本では，1960年代になって中央研究所設立の第1次ブームが到来し，1980年代になると，より基礎的な研究に重点をおいた第2次ブームが到来している．

2）中央研究所の時代の終焉と連鎖モデルへの脚光

リニアモデルが信奉されるようになると，企業側も優秀な研究者を獲得するために，研究所に対してきわめて寛容になりはじめた．事業と無関係な研究テーマも認められ，研究者にとっては楽園となっていった．それとともに，研究所は「象牙の塔」と化していき，研究開発部門と事業部門との間には深い溝ができあがった．

しかし，このような状況がいつまでも続くわけではない．経営者は，基礎研究から生まれた新製品はあったとしても，その数はごくわずかにすぎないことに気づきはじめたのである．加えてアメリカ企業の業績が停滞しはじめたこと

もあり，1990年代になるとAT&TとIBMで研究所のリストラクチャリングが始まった．この動きは他のアメリカ企業に伝播していき，研究所の大静粛となった．ちなみに，日本ではアメリカに遅れること10年の2000年代になって，中央研究所のリストラクチャリングが始まったといわれている．

ただし，アメリカにおける研究所のリストラクチャリングは，企業における基礎研究を放棄したものではない．研究者の趣味で進めているような研究テーマを排除するとともに，研究開発部門と事業部門との間の壁を取り除き，新製品投入や事業化をより確実なものとすることが狙いであった．この時期以降の研究開発に対する見方は，クライン（Kline, S. J.）が提唱した「連鎖モデル」で説明されることが多い（第3章，図表3－2参照）．

このモデルでは，中心となる活動は設計・生産活動である．設計者は市場の要求をもとに製品の設計を始める．そして設計者がもっている技術では解決できない場合は文献を頼ったり研究所に蓄積された知識を探しにいく．それでも解決できない場合は研究活動の助けを求めるというものである．実際，世の中にはわずかな研究活動しか伴わずに大規模なイノベーションを成し遂げた例も多い．スペースシャトル，蒸気エンジン，新幹線などは既知の技術を用いて設計，生産されたのである．

ここで誤解をしないでいただきたいのは，連鎖モデルであっても研究成果を入り口とした事業化（テクノロジー・プッシュ）を否定しているわけではないということである．基礎研究に寄り過ぎた振り子を事業寄り（マーケット・プル）に戻したのである．

3）研究開発の変遷からの示唆

アメリカ企業における研究開発活動の変遷からの示唆は，単にリニアモデルから連鎖モデルへ移行すべきだということだけではない．連鎖モデルに移行するに至った環境条件を整理することにより，企業が研究開発戦略を検討する際に考慮すべき重要要件を把握することができる．

ロバートによれば，アメリカにおいてリニアモデルが終焉した背景には，業

績悪化以外に以下のようなことがあるといわれている.

① 基礎研究に取り組む企業が増え,また大学等でも基礎研究が活発化し,基礎研究を手がけているからといって,圧倒的な地位が保証されなくなってきた.

② 規制緩和やグローバルレベルでの競争激化によって大企業のシェアが低下した.つまり,独占あるいは寡占状態であれば,研究開発投資を回収できたが,シェア低下によって投資回収が困難になってきた.

③ 製品が高度化し,新製品を投入するためには,幅広い分野の研究開発を行わなければならなくなったため,1社では対応できなくなった.

④ インテルやデル,シスコのように,社内での研究開発をできるだけ行わず,外部の研究成果を利用することで上位企業に上り詰める企業が現れた.そのことにより,研究開発を行う動機が薄れた.

以上のことからいえることは,企業における研究開発戦略に必要なことは,研究開発の選択と集中を進めるとともに,重要性の低い研究は外部の研究所の研究成果を活用することで,研究開発投資のリターンを高めることである.

2. 研究開発戦略

企業は研究開発活動に関してどのような意思決定を行わなければならないだろうか.

まず考えるべきことは,前節で述べたとおり,研究開発の選択と集中である.研究開発活動の選択とは,研究の範囲を決めること,すなわち研究領域を決めることである.集中とは,研究の深さ,すなわち投資の度合いや基礎研究までさかのぼる度合いを決めることである.

(1) 研究開発領域の選択(幅の決定)

研究開発の選択を行うためには,まず研究開発の領域を決めなければならない.そして,次に研究開発テーマを選定する.

企業が戦略を検討するに当たっては，事業ドメインを決定する．ドメインとは組織が生存していくための領域のことであり，適切な事業ドメインを設定することで，近視眼に陥ることや無謀な多角化を進めることを避けることができる．事業ドメインの設定方法については，本書の範囲を超えるため詳細な説明は割愛するが，検討に際しては当然のことながら市場トレンドと技術のトレンドの両方が考慮されることになる．

　研究開発戦略は企業の戦略と整合させなければならない．そのためのひとつの方法が，研究開発の領域を事業ドメインと一致させることである．そうすることで，極端に研究開発領域を限定してしまったり，あるいは事業とは無関係な研究を行うことを避けることができ，事業戦略の実行能力が高まることになる．

　たとえば，NECは1977年に「C&C (Computer and Communication)」というビジョンを設定することで今後進むべき領域を明らかにし，コンピュータと通信の融合を目指した研究開発を進めていった．また，ゼロックスは発散しすぎた事業や研究テーマを再定義するために，2000年に「ドキュメント・カンパニー」というビジョンを設定して，研究開発の重点領域を明確にした．

(2) 研究開発テーマの選定

　研究開発領域が決まったとしても，その領域内のすべての研究開発テーマを手がけるわけにはいかない．企業として投資する価値のあるテーマを選定しなければならない．一般的には，コア技術の開発に投資すべきなどといわれるが，このままでは示唆になりえない．なぜならば，何をもってコアと判断するかがわからないからである．その際，有益な判断基準となるのが，共通基盤技術と差別化技術である．

　共通基盤技術とは，事業ドメイン内のさまざまな製品に寄与することのできる技術である．たとえば，キヤノンの画像処理技術や光学技術，精密加工技術が相当する．共通基盤技術の開発に投資することで技術を多重利用することが

できるようになり，投資効率が高まることが期待できる．

差別化技術を説明するに当たっては，「当たり前品質／魅力的品質」を説明した方がいいだろう．これは品質管理の大家である狩野紀昭博士が発信したコンセプトである．当たり前品質とは，充足されないと不満だが充足されてもとくに満足度が高まるわけではない品質要素であり，一方，魅力的品質とは，充足されなくても不満はないが充足されると大変満足する品質要素である．企業が差別化を行うために研究開発を行うべき要素は魅力的品質となる．一方，当たり前品質はさまざまな企業が研究開発を行っているため購入することも可能である．あるいは共同開発によって投資負担を軽減する方法もある．キヤノンはデジタルカメラのコンピュータ部分の開発に当たってはこのような方針を採った．デジカメのコンピュータ部分は，画像信号を処理する撮像カメラ制御と，画像情報の通信管理やファイル管理を行う汎用カメラ制御に分けることができる．キヤノンは画像品質で秀でるために，撮像カメラ制御技術は独自技術を盛り込めるように研究開発を進め，一方の汎用カメラ制御技術は半導体メーカーが開発する半導体技術を利用した．

(3) 研究開発の集中（深さの決定）

次に，それぞれの領域あるいはテーマに関して，どの程度深く研究開発を行うべきかを考える．

研究開発の深さは，属する産業，製品性能に対する市場の期待水準，事業戦略などに影響を受ける．そして，実際に計画を立てる場面では，時間軸を考慮して研究開発ポートフォリオを考えることが効果的である．ちなみに，研究開発の深さは，研究開発の幅によっても影響される．なぜならば，幅が広ければ深さを追求することは期待できず，反対に深く追求するためには幅を狭めなければならないからである．

1) 属する産業との関係

科学的な発見が事業に結びつきやすい産業が存在する．これら産業群はサイ

エンス型産業とよばれ，医薬品産業，半導体産業，バイオテクノロジー産業などが相当する．サイエンス型産業に属する企業は，他の産業に属する企業よりも相対的に基礎研究への取り組みが重要となる．一方，造船産業，航空機産業，自動車産業などの場合は，複雑な設計・生産技術は必要とするものの，科学的な発見に解決策を求めるようなことは相対的に少ない．

　最近ではサイエンス型産業の企業であってもリスク分散とスピードアップのために基礎研究を部分的に外部委託することも増えてきた．それであっても，暗黙知的な研究成果を正しく評価し，迅速に製品開発まで結びつけるためには，自社における基礎研究能力が欠かせない．

2) 製品性能に対する市場の期待水準との関係

　主要性能軸に関して市場の期待水準を満たしていない製品の場合は，研究開発投資を行うことで性能向上を目指すことに意味がある．しかし，性能向上が進み，市場の要求水準を超えてしまった場合は，追加的に研究開発投資を行っても回収の見込みは薄い．なぜならば，顧客は性能向上分の対価を認めてくれないため，企業は研究開発にかかった費用を製品価格に転嫁することができないからである．このような状況は，いわゆる白物家電の多くが直面している．そのような製品の場合は，研究開発に投資するよりも，マーケティングや設計活動に投資をすることで，新機能を追加したり，操作性，デザイン性を高める努力をする方が効果的といえる．

　ちなみに，市場の期待水準に達する前に技術が成熟してしまう場合がある．このような場合は，ブレークスルーを起こすために，基礎研究にまでさかのぼる必要がでてくる．たとえば，ポータブル機器用の充電池（二次電池）は1990年ごろまでは100年前に開発されたニッカド電池が用いられていたが，ニッカド電池の性能向上は限界に達していた．その一方で，ノートパソコンや携帯電話などの高機能製品が市場に現れ，バッテリー持続時間に対する市場の期待水準は一層上昇した．そこで電池メーカーは，負極や電解液に関する新しい材料研究を行ってニッケル水素電池やリチウムイオン電池といった次世代の

二次電池を開発したのである．

3）事業戦略との関係

同じ産業に属していたとしても，あるいは同じ商品を扱っていたとしても，研究開発活動の深さが同じになるとは限らない．なぜならば，事業戦略が異なるからである．先端技術の使用を差別化要素にする企業と，既知の技術の組み合わせで顧客の問題解決を行う企業とでは，研究開発活動に対する取り組み程度は異なる．たとえば，村田製作所とロームは同じ部品事業を営んでおり，両社とも驚くべき高い利益率を維持しているが，事業戦略は正反対である．村田製作所は，先端技術を用いた部品を提供することで，開発スピードの速いエレクトロニクス業界からの支持を得ている．当然のことながら研究開発活動に力を入れており，10年間のロードマップを作って材料レベルから研究開発を行っている．一方のロームは，枯れた技術を用いてカスタマイズされた部品を供給することで，個別企業の問題を解決している．ロームには中央研究所は存在しない．研究開発よりも，マーケティングや設計活動に投資をしているのである．

4）時間軸を考慮した研究開発のポートフォリオ

実務上，研究開発の深さを考慮した計画を立てる際には，短期，中期，長期の3段階に分けることで時間軸を考慮して研究開発テーマを考えることが効果的である．短期的な研究開発は，既存の製品や生産方法の改良に関するものであり，2～3年後の成果を目指すものである．既存製品との距離が近いため事業部門において実施されることが多い．中期的な研究開発は，次期に投入する製品に関する研究開発を目的としたものである．場合によっては基礎研究までさかのぼり，4～6年後程度の成果を目指すものである．そして，長期的な研究開発は，まったく新しい領域の製品開発や新事業の開拓を目的としたものであり，7～10年程度に渡って腰を据えて取り組むことになる．既存製品にとらわれない発想が必要であるため，中央研究所で実施される．

業界特性や市場の期待水準，事業戦略によって短期，中期，長期の中でのウェイトの置き方は変わるものの，時間軸を考慮して研究開発テーマのポート

フォリオを組むことは大切なことである．

3. 研究開発成果の事業化に関するマネジメント

　企業における研究開発はそれ自体が目的ではない．最終的に利益に結びつけることが目的である．研究開発成果から利益を生み出す方法は2通りある．ひとつは事業化することであり，もうひとつは研究開発成果を販売したりライセンス供与することである．後者に関しては本章の範囲を超えるため，ここでは研究開発成果の事業化に関して説明する．

　既存製品の改良のための研究開発であれば，その成果を事業に結びつけることは比較的簡単に行われる．しかし，新規性の高い研究開発であるほど，事業化が困難になる．研究開発と事業化の間には深い谷が存在するのである．これは「死の谷（Death Valley）」などとよばれている．死の谷とはOECDが発信したコンセプトであり，もともとは，研究開発型のベンチャー企業には研究開発段階では資金が集まるものの，事業化移行段階では資金が集まりにくいことを表すメタファーであった．しかし，資金的な問題以外にも，事業化を妨げる要因は数多く存在する．企業の研究開発戦略は研究開発成果の事業化までを含めて検討されなければならない．

(1) 研究開発成果の事業化を妨げる要因

　この要因を考えるに当たっては，「事業化」を2つの段階に分けた方がわかりやすいだろう．ひとつは事業化の意思決定を行う段階であり，もうひとつは事業として成立させる段階である．

　1）事業化の意思決定段階での問題点

　まず考えられる問題点は，研究開発成果を適切に評価できないことである．最終判断を下す経営層に技術をわかる人がいなかったり，組織が変化を嫌うというような初歩的な問題だけではない．組織上のさまざまなしがらみが，合理的な判断をゆがめることがあるのである．

① 既存事業との関係：既存の主力事業を脅かすような研究開発成果の事業化は，抵抗にあいやすい．いわゆるカニバリゼーションの問題である．たとえば，コダックは，デジタルスチールカメラの研究開発で成果をあげておきながら，銀塩カメラのフィルム事業部門から何度となく妨害され，デジカメの事業化に遅れたといわれている．

② 既存の生産工程との関係：生産工程の完成度が高いと，製品の大幅な変更が行われにくくなり，結果として技術の世代交代が進みにくくなる．なぜならば，製品が変更されれば，生産工程も変更を余儀なくされるが，生産工程の完成度がきわめて高い場合は，工程変更のコストが多大になるからである．アッターバック（Utterback, J.）はこのような状況を「生産性のジレンマ」とよんでいる．

③ 組織構造の問題：新規性の高い研究開発成果は，既存の事業とはまったく異なる分野であることがある．その場合は，社内に引き受ける事業部門が見つからないことがあり，あるいは，複数の事業部門にまたがるため，事業部間の調整作業が難航することがある．たとえば，ゼロックスのパルアルト研究所では，GUI（グラフィック・ユーザー・インターフェース）などパーソナルコンピュータに関する画期的な技術が開発されたが，複写機メーカーであるゼロックスで事業に結びつくことはなかった．これらの技術で利益を上げたのは，アップルやマイクロソフトであった．

④ 業績評価の問題：事業部門は，単年度の売上・利益といった財務成果で評価されることが多い．その場合，新規性の高い研究開発成果を引き受けるのを拒むことになる．なぜならば，新規性の高い事業が最初は市場が小さく，先行きも不透明である．その反面，設備投資など支出がかさむことになるからである．結果として，事業部門は確実に売上・利益をあげることのできる既存事業を優先することになる．他方，研究開発部門の評価は論文や試作であることが多く，事業成果を加味されることは少ない．そのため，事業化支援に努力を振り向けることを怠ることになる．

⑤ 主要顧客との関係：以上の4種類の要因は，企業が合理的に判断することができれば避けられることである．しかし，合理的に判断したがために誤った決定を下すこともある．たいていの実績ある企業は，研究開発成果の事業化の可能性を確認する場合には，主要顧客に意見を求める．そのため企業は既存顧客が求める性能軸を高める研究開発成果は採用し，そうでないものは採用しなくなる．しかし，新規性の高い研究開発成果は，まったく新しい市場や用途を生み出すため，主要顧客の意見が役に立たないことがある．このような状況を指摘したのがクリステンセン（Christensen, C.）である．彼はディスクドライブ業界の事例研究を通じて，既存の性能軸を変化させる「破壊的技術」の存在を発見した．クリステンセンによれば，ディスクドライブの破壊的技術の多くは，実績のある企業で開発されたという．しかし，主要顧客の関心を引くことができないため，経営幹部の了承が得られなかったのである．

2) 事業として成立させる段階での問題点

研究開発に成功したからといって事業で成功できるとは限らない．事業化の意思決定が行われたとしても，事業として成立させるためには，別のハードルが存在する．もちろん，戦略やビジネスモデル，マーケティングなどの一般的な問題も存在するが，ここでは研究開発成果の事業化に特有な問題に絞って説明する．

① 信頼性・コストの問題：研究開発段階では，とにかくひとつでも完成すればよく，量産化に耐えうるかどうかは二の次であることが多い．また，製品として機能させるために，高価な部品や材料を使うこともある．しかし，このままでは事業化は不可能である．量産段階では，研究所には存在しなかった多くの制約条件が存在する．制御すべきパラメータが格段に増えるのである．また，市場に受け入れられる価格水準に合わせるためのコスト削減努力も欠かせない．これらを実現するためには生産技術が必要であり，製品開発と平行して研究開発部門で研究されていることもある．しかし，生産技術は暗黙的要素が多く，事業部門への移転には困難が伴う．

② 補完的資産の問題：製品はいくつかの技術が組み合わさって初めて機能する．そのため部分的に研究開発に成功しても，製品としての魅力を提供できないこともある．たとえば，デジカメではCCDの性能が100万画素を超えるようになると，その性能を十分に引き出すためのレンズ開発が重要になる．そのため，CCDの研究開発だけでは成果を十分に反映させることはできない．また，製品技術以外にも，生産技術や設備，販売網など，事業化に必要な技術や機能が存在する．これらを「補完的資産」とよぶが，補完的資産なしには，事業として成立させることは不可能である．

③ 既存事業とのパラダイムの違い：パラダイムとは，「支配的な考え方」であり，一旦定着すると，変更するためには多大な努力を要する．そのため，研究開発成果を活用した事業が，旧来と異なるパラダイムを要する場合は，困難を要することになる．一般論として，とくに最先端の研究開発成果を事業化しようとした場合には，ベンチャー企業との競争にさらされるため，中堅・大企業にはないスピード感やリスク許容度が求められるようになることが多い．安定志向の企業であれば，パラダイムを変換しなければ，事業化後の競争に勝ち残れないだろう．

(2) 事業化への取り組み

これら，事業化を妨げる要因に対しては，絶対的な解決策があるわけではなく，その時々の状況に応じて対応しなければならない．しかし，多くの問題に対応できると考えられ，しかも実績があがっている解決策もある．

1) 社内ベンチャー，プロジェクトチーム

さまざまなしがらみを排除するために，独立性の高い組織横断プロジェクトチームを編成したり，自立的な社内ベンチャーを設立する方法がある．たとえば，日立のミューチップ事業である．日立は世界最小クラスのICであるミューチップの開発に成功したが，その事業化に当たっては問題が発生した．日立はチップ単体での販売ではなく，関連するハードとソフトを含めた情報システム

図表6－2　オープン・イノベーション

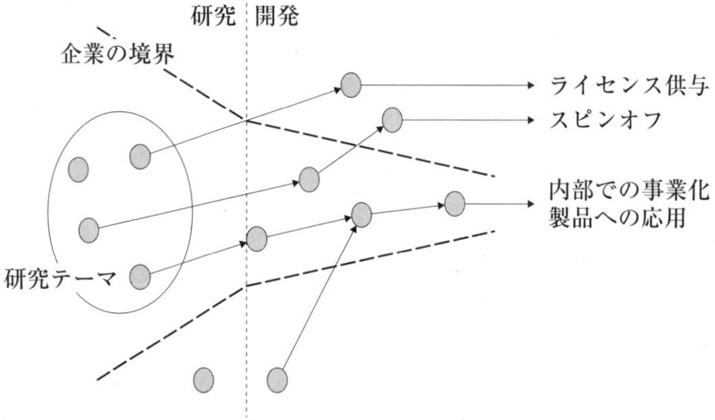

出所）Chesbrough, H., 邦訳（2004：9）を一部修正

として事業化することを目指したのだが，ハードやソフトは日立グループ内のさまざまな事業部門や子会社に分散されていたため，調整が困難だったのである．そのため，どの事業部門にも，どの子会社にも属さない独立事業組織を設立し，事業化を推進することになった．その結果，愛知万博の入場券に採用されるなど，事業としての離陸に成功した．

2）オープン・イノベーション

第2節で説明したとおり，現在では製品が高度化し，新製品を投入するためには，幅広い分野の研究開発を行わなければならなくなってきた．しかしその一方で，企業が研究開発の投資効率を高めるためには，選択と集中を進めなければならない．このことが事業化の障害の原因にもなっている．このジレンマを打開するための方法が，オープン・イノベーションである．

オープン・イノベーションとは，企業内部と外部の研究成果を有機的に結合させて価値を創造するというアプローチ方法であり，チェスブロウ（Chesbrough, H.）が提唱した．オープン・イノベーションでは図表6－2のように，自前主義から脱却し，他社の研究成果を利用したり，技術を保有するベンチャー企業を買収したりして不足している技術を補う．そして，反対に自社

で事業化ができない研究成果は，他社にライセンス供与したり，スピンオフ・ベンチャーを立ち上げるというものである．チェスブロウは，同じ通信機器の会社でありながら，研究開発に多額な投資をしているルーセントよりも，研究開発は行わずに技術力のあるベンチャー企業を吸収合併することで技術を蓄積していったシスコの方が成功していることを引き合いに出し，オープン・イノベーションの有効性を主張している．

3) 組織・人事管理制度上の工夫

研究開発部門の研究員を一定期間事業部門に異動することを制度化している企業もある．これには事業化支援という目的があることはもちろんのこと，暗黙的な技術の移転を適切に行えるようにすることや，研究員にコストや信頼性などの事業化意識を植えつけることも目的となっている．

また，事業部門の業績評価制度の評価項目に，「新製品比率」を組み込むことで，長期的な視点から研究開発成果の事業化に取り組むことを促している企業もある．

演・習・問・題

問1　企業における研究開発に対する考えは，時代とともに移り変わってきているが，これまでどのように変遷してきたのか．また，そのように変遷するに至った背景も含めて説明せよ．

問2　研究開発活動の選択と集中を行うためには，研究開発領域やテーマを絞り込む必要がある．しかし，絞り込むが故に問題が生じてしまうこともある．どのような問題が考えられるのか．具体的な例をひとつあげて説明せよ．

問3　研究開発力に優れたベンチャー企業が，その成果を活用して事業を立ち上げたものの，結局は研究開発力の劣る大企業に負けてしまう，あるいは吸収されてしまうこともある．なぜそのようなことになってしまうのか．また，どのような解決策が考えられるのか．

参考文献

Brian, L. J. (1995) *Forth Generation Management : The New Business Consciousness,* McGraw-Hill.（狩野紀昭監訳，安藤之裕訳『第4世代の品質経営』日科技連，1995年）

Chesbrough, H. (2003) *Open Innovation : The New Imperative for Creating and Profiting from Technology,* Harvard Business School Press.（大前恵一朗訳『ハーバード流イノベーション戦略のすべて』産業能率大学出版部，2004年）

Christensen, C. (1997) *The Innovator's Dilemma,* Harvard Business School Press.（玉田俊平田監修，伊豆原弓訳『イノベーションのジレンマ：技術革新が巨大企業をほろぼすとき』翔泳社，2000年）

Christensen, C. (2003) *The Innovator's Solution,* Harvard Business School Press.（玉田俊平田監修，桜井祐子訳『イノベーションへの解：利益ある成長に向けて』翔泳社，2003年）

Day, G. S., Paul J. H. Schoemaker and R. E. Gunther (2000) *Wharton on Managing Emerging Technologies,* John Wiley Sons, Inc.（小林陽太郎監訳『ウォートンスクールの次世代テクノロジー・マネジメント』東洋経済新報社，2002年）

Foster, R. (1986) *Innovation : The Attacker's Advantage,* Pan Books.（大前研一訳『イノベーション：限界突破の経営戦略』TBSブリタニカ，1987年）

Kline, S. (1990) *Innovation Systems in Japan and United States : Cultural Bases ; Implications for Competitiveness,* Stanford University Press.（鳴原文七訳『イノベーション・スタイル：日米の社会技術システム変革の相違』アグネ承風社，1992年）

Robert, B. (2000) *Engines of Tomorrow : How The Worlds Best Companies Are Using Their Research Labs To Win The Future,* Simon & Schuster.（山岡洋一・田中志ほり訳『世界最強企業の研究戦略』日本経済新聞社，2001年）

Rosenbloom, R. and W. Spencer (1996) *Engines of Innovation : U. S. Industrial Research at the End of an Era,* Harvard Business School Press.（西村吉雄訳『中央研究所の時代の終焉』日経BP社，1988年）

Rothaermel, F. T. (2001) "Incumbent's advantage through exploiting complementary assets via interfirm cooperation," *Strategic Management*

Journal 22, pp. 687-699.

Teece, D. (1986) "Profiting from technological innovation: Implications for integration, collaboration, licensing and public policy," *Research Policy* 15, pp. 285-305.

Tidd, J., Bessant, J. and K. Pavitt (2001) *Managing Innovation: Integrating Technological, Market and Organizational Change 2nd*, John Wiley & Sons, Ltd.（後藤晃・鈴木潤監訳『イノベーションの経営学』NTT出版、2004年）

Tushman, M. and P. Anderson (1986) "Technological Discontinuities and Organizational Environments," *Administrative Science Quality,* 31, pp. 439-465

Utterback, J. (1994) *Mastering the Dynamics of Innovation,* Harvard Business School Press.（大津正和・小川進監訳『イノベーション・ダイナミックス：事例から学ぶ技術戦略』有斐閣、1998年）

出川通（2004）『技術経営の考え方：MOTと開発ベンチャーの現場から』光文社新書

一橋大学イノベーション研究センター編（2001）『イノベーション・マネジメント入門』日本経済新聞社

藤村修三（2000）『半導体立国ふたたび』日刊工業新聞社

後藤晃・小田切宏之編（2003）『サイエンス型産業』NTT出版

水野裕司（2004）『日立：技術王国再建への決断』日本経済新聞社

日本経済新聞社編（2001）『キヤノン高収益復活の秘密』日本経済新聞社

坂本雅明（2004a）「東芝：二次電池産業における事業化への挑戦と撤退」『一橋ビジネスレビュー』2004, AUT. 東洋経済新報社

坂本雅明（2004b）「部品メーカーの戦略分析：村田製作所 vs. ローム」創研レポート特別号, NEC総研

植之原道行（2004）『戦略的技術経営のすすめ』日刊工業新聞社

山之内昭夫（2005）「企業成長を牽引する技術経営戦略—キヤノンの事例とその型—」ルネッサンスプロジェクト・ディスカッションペーパー＃05-06, 2005.2

《推薦図書》

1. Rosenbloom, R. and W. Spencer (1996) *Engines of Innovation : U. S. Industrial Research at the End of an Era,* Harvard Business School Press.（西村吉雄訳『中央研究所の時代の終焉』日経BP社，1988年）
   研究活動を製品開発と区分し，研究活動に焦点を当てている．

2. Robert, B. (2000) *Engines of Tomorrow : How The Worlds Best Companies Are Using Their Research Labs To Win The Future,* Simon & Schuster.（山岡洋一・田中志ほり訳『世界最強企業の研究戦略』日本経済新聞社，2001年）
   日米欧を代表する研究開発型企業の研究開発活動の調査・分析．

3. Chesbrough, H. (2003) *Open Innovation : The New Imperative for Creating and Profiting from Technology,* Harvard Business School Press.（大前恵一朗訳『ハーバード流イノベーション戦略のすべて』産業能率大学出版部，2004年）
   企業内外のアイデアを連結し事業化を行うというオープン・イノベーション提言書．

4. 一橋大学イノベーション研究センター編（2001）『イノベーション・マネジメント入門』日本経済新聞社
   国内の著名な学者によるイノベーション論の教科書．

5. 植之原道行（2004）『戦略的技術経営のすすめ』日刊工業新聞社
   元NECの中央研究所所長の体験をもとにした研究開発マネジメント論．

第7章の要約

　研究開発機能を組織構造の中にどのように配置するかは，研究開発マネジメントの重要なテーマのひとつである．とくに，多角化し，複数の事業部門を有する大企業においては，本社部門と事業部門との間でどのように研究開発機能を分散配置させ，役割分担させるかが組織デザインの鍵となる．

　本章では，研究開発の上流（基礎研究・応用研究）と下流（開発）について，歴史的変遷，組織編成の考え方，いくつかの類型とその特質を検討する．

第7章　研究開発組織

1. はじめに

　企業の中で研究開発を実施する担い手は組織と人である．研究開発の機能は，組織の中のいくつかの部門で分担し，協調しながら推進されている．研究開発に関わる組織は，企業の中での研究開発の位置づけや研究開発戦略により異なり，また研究開発の位置づけや研究開発戦略は，時代とともに変化し続けている．

　本章では，「研究開発の機能が企業の中でどのように組織化されているか」を探ることにする．典型的な研究開発組織の配置とその歴史的経緯を概観し，そして研究部門，開発部門の組織編成や新たな動向についても検討する．

2. 研究開発の機能と組織配置

(1) 研究開発機能

　研究開発の機能を，研究の進展段階の面から分類すると，①基礎研究，②応用研究，③開発研究，という3種類に分けられる．この分類の仕方はよく使われているが，必ずしも厳密な切り分けがされているわけではない．しかし，OECDが定める基準が広く使われており，日本でも政府が行う科学技術研究調査の分類基準となっている．

　科学技術研究調査の分類基準（総務省統計局，2005）によれば，基礎研究は，「特別な応用，用途を直接に考慮することなく，仮説や理論を形成するため，または現象や観察可能な事実に関して新しい知識を得るために，行われる理論的または実験的研究」を指す．大学や公的研究機関で行っている研究と同種のものである．ただ，企業の場合，当然ながら経営目的に資することが研究に求められる．基礎研究を純粋基礎研究と目的基礎研究に分けるとすれば，企業における基礎研究は，事業的応用を間接的狙いとした目的基礎研究といえる．技術開発や知財のシーズを探索することが主眼である．

これに対して，応用研究は，「基礎研究によって発見された知識を利用して，特定の目標を定めて実用化の可能性を確かめる研究や，既に実用化されている方法に関して，新たな応用方法を探索する研究」をいう（総務省統計局，2005）．企業の場合，自社で行った基礎研究の成果だけが素材になるわけではなく，大学，公的研究機関，他社の研究成果を導入し，応用研究を進めるケースも多い．

開発研究は，「基礎研究，応用研究および実際の経験から得た知識の利用であり，新しい材料，装置，製品，システム，工程等の導入または既存のこれらのものの改良をねらいとする研究」である（総務省統計局，2005）．

研究開発を研究と開発に分ける場合，基礎研究と応用研究を狭義の研究とし，開発研究を開発に含む場合もある．

(2) 研究開発の組織配置

以上の研究開発活動は，企業の中でさまざまな部門にまたがって推進される．経営の規模が大きく，複数の事業部門を有する企業を想定すると，組織はコーポレート（本社部門）とカンパニー（事業部門）の上下の階層に分けられる．コーポレートには，経営企画，人事などの全社的なスタッフや，総務，経理，情報システムといったシェアードサービス部門が含まれ，カンパニーは個々の事業の価値連鎖を担う部門から構成されている．

研究開発活動の中心は，研究所と名づけられた部門である．しかし，規模の大きい企業では研究所も複数ある．組織の中の位置づけから，本社レベルの研究所と事業部門レベルの研究所に分けられるが，前者をコーポレート研究所（コーポレート・ラボ），後者をカンパニー研究所（カンパニー・ラボまたはディビジョン・ラボ）とよんでいる（図表7-1）．

コーポレート研究所は，短期的には既存事業に直結しない基礎研究や，全社共通の基盤技術に関する応用研究，そして新規事業のための開発研究を担当する．コーポレート研究所の場合，基礎研究所，中央研究所といった名称が用いられる．

第7章 研究開発組織

　各事業部門に属するカンパニー研究所は，当該事業部門の新製品，技術に関わる応用研究や開発研究を行う．開発研究所というような名称や，特定の製品事業領域を冠した研究所といった名称が付されている．

　研究開発の担い手としては，これらの研究所の他に，各カンパニーに製品の開発・設計を担当する部門がある．開発センター・開発部，設計部，技術部といった部門が相当する．

　また，コーポレートには，研究開発の企画・管理を統括する部門があり，全社の研究開発戦略の策定と管理，知的財産の管理，カンパニー間の技術開発，生産技術の調整を行っている．研究所や知的財産管理等の組織を統括するコーポレートスタッフ（研究開発管理部等）を設置する企業も多い．

図表7－1　研究開発の組織配置

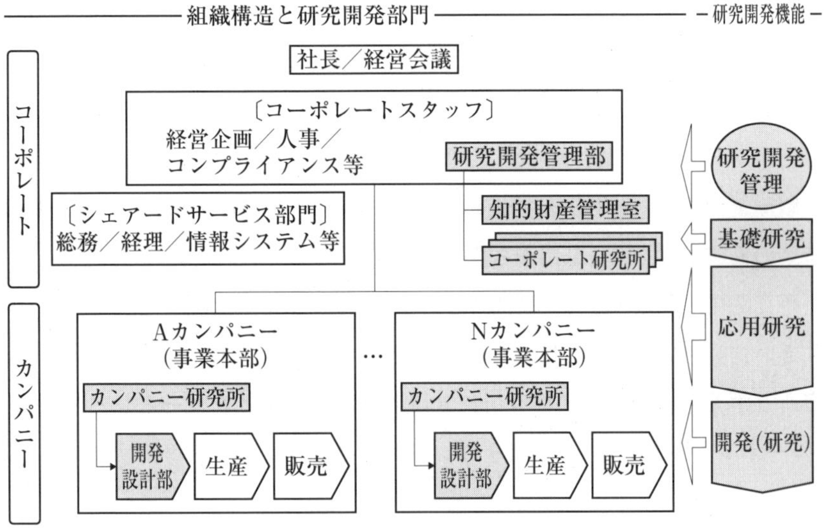

──── 組織構造と研究開発部門 ────　　─研究開発機能─

- コーポレート
  - 社長／経営会議
  - 〔コーポレートスタッフ〕経営企画／人事／コンプライアンス等
  - 研究開発管理部 ← 研究開発管理
  - 〔シェアードサービス部門〕総務／経理／情報システム等
  - 知的財産管理室
  - コーポレート研究所 ← 基礎研究
- カンパニー
  - Aカンパニー（事業本部）… Nカンパニー（事業本部）
  - カンパニー研究所 ← 応用研究
  - 開発設計部 → 生産 → 販売 ← 開発（研究）

（3）日立製作所の事例

　具体的な事例として，日本を代表する総合電機メーカーである日立製作所を中核とする日立グループの研究開発組織をみてみよう（日立製作所，2005）．グ

ループは，さまざまな事業グループ，企業グループにより構成されているが，合わせて約30の研究所を有し，6,000人弱が研究開発に従事している．

コーポレートレベルの研究所（コーポレート研究所）には，中央研究所，基礎研究所をはじめ6つの研究所がある（図表7-2）．コーポレート研究所は，「グループ全体の全社研究所」と位置づけられており，研究開発従事者の約半数が属している．

日立は，グループ研究開発を強化する方針であり，2004年4月より「グループ先端・基盤研究制度」を導入した．これは，グループ各社が研究開発費を同じように負担し，先端研究と基盤研究を推進する制度である．先端研究は，将

図表7-2　日立の研究開発組織

社長			
	研究開発本部	中央研究所	情報・通信，ソリューションLSI，ライフサイエンス
		基礎研究所	人間・情報システム，健康システム，環境・エネルギ，ナノ材料・デバイス
		日立研究所	情報システム，デバイス，コンポーネント，材料
	デザイン本部	システム開発研究所	情報システム，セキュリティ，ユビキタス，サービスソリューション
		機械研究所	メカトロニクス応用システム
	知的財産権本部	生産技術研究所	管理・生産システム・プロセス，設備
	ビジネスグループ	開発研究所・開発本部	
		事業(本)部 — 開発センタ	
		事業(本)部 — 開発・設計部	

出所）日立製作所（2005：7）

来の中核事業の開拓，パラダイムシフトを起こす新技術・新事業モデルの開発と知財化を目的としている．基礎研究所が中核の組織となり，研究内容によっては，中央研究所など他の研究所も担当する．基盤研究は，生産性向上，信頼性改善，開発期間短縮，モノづくり基盤技術の高度化を目的としている．生産技術研究所が中心になり，日立研究所，機械研究所，システム開発研究所も加わり，「モノづくり」を強化するための研究が進められている．

(4) 研究所の歴史的変遷

　日本は，戦後高度成長の過程を経て，多くの産業で国際競争力を高めてきた．その成長過程の中で，研究開発戦略は時代的な背景の中で変遷があり，「中央研究所」と「基礎研究所」の2回の研究所設立のブームがあった（今野，1993）．

　まず，大戦後から1950年代にかけては，欧米先進国との技術格差を埋めるために，日本の主要産業で海外有力企業との提携により技術導入が進められた．1960年代後半に入ると，高度成長の中で資金的余裕と技術高度化の要求から「中央研究所」の設置が増大していった．しかし，企業における研究開発は，導入技術に基づく応用開発や，生産技術の開発が中心であった．一方，国産技術の開発の必要性も認識され，国の政策として各種の研究開発プロジェクトが立ち上げられた．

　70年代は，石油危機など経済的には厳しい状況であったが，研究開発への取り組みは着実に継続された．そして，80年後半には，各産業のグローバル展開，バブル景気を背景に，主要各社で「基礎研究所」の設立が相次いだ．基礎研究の管理を，従来の開発を主とする研究所の管理の仕方（厳しい時間管理・コスト管理，短期の成果を狙うなどが特徴）と切り離し，21世紀のビジネスの種となる新しい芽を育てることが狙いであった（平野・西潟，1990）．

　このような日本における中央研究所，基礎研究所の設置の流れは，アメリカの企業が辿ってきた道と同じである．第2次世界大戦後，アメリカの産業界は研究開発に積極的に投資し，ナイロンやトランジスタといった革新的技術をつ

ぎつぎに生んだ．デュポン，AT&T，IBM，ゼロックスといった大企業の研究所がこれらの技術革新を牽引した．

しかし，1980年代以降，欧米日の企業によるグローバル競争が激化するとともに，研究の企業収益への貢献に疑問をもつ経営者が増え，研究開発投資の効率を見直す必要性が出てきた．中央研究所・基礎研究所の設置は，技術から製品に向けての垂直統合戦略を意味するが，技術革新のスピードアップと技術の複合化，システム化が進展し，1社による垂直統合が成立しにくくなってきたのである．その結果，1990年代になると，各社は自社の研究開発組織を再構築し，規模を見直すようになった（Rosenbloom and Spencer, 1996）．先端的な研究開発機能を残す企業もあるが，コーポレート研究所のウェイトを縮小し，公的研究機関，大学，研究開発ベンチャーとの連携を活用する企業が増加した．

3. 研究部門の組織

(1) 研究部門の組織編成の軸

前節では，企業の中で研究開発の活動がさまざまな部門で展開されていることをみてきた．つぎに，基礎研究，開発研究を担当する研究部門，研究所の内部組織の編成を概観する．

図表7-3は，研究所の組織の編成形態を示したものである（Roussel et al., 1991）．研究開発には，科学技術に関する専門的，先端的な知識が不可欠である．これを効果的に創造していくためには，科学技術の専門分野別に深く探求していく必要がある．一方，研究開発の最終的な成果である商用化や知的財産化に向けては，関連する専門的科学技術をカバーし，調整していくことが求められる．そのためには，研究開発を目的指向で取り組んでいく必要がある．この両者は一般には両立しにくい．そのため，前者を重視する場合には，図表のインプット指向型の組織を，後者を重視する場合には，アウトプット指向型の組織が採用される．

インプット指向組織では，組織を科学技術の専門領域ごとに編成する．同一

の専門領域の研究者，技術者が情報と知識を共有し，協働と競争しながら研究に打ち込むことができる．しかし，専門領域に特化するため，研究の幅が狭くなりがちで，商用化に向けての技術間のコラボレーションが取りにくくなる．各研究セクションと事業や市場との距離が遠いことが長所でもあり，短所でもある．

図表7－3　研究開発組織の形態

ラインまたはインプット指向型の組織

研究開発マネジャー
├─ ツィーグラー触媒部門
└─ 研究開発サービス

分野・経験ベースの単位

アウトプットまたは製品指向型の組織

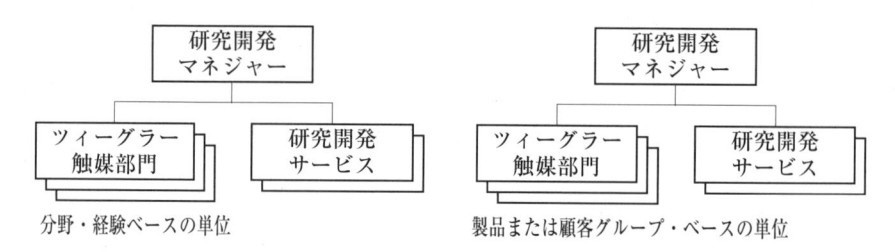

研究開発マネジャー
├─ ツィーグラー触媒部門
└─ 研究開発サービス

製品または顧客グループ・ベースの単位

マトリックス組織

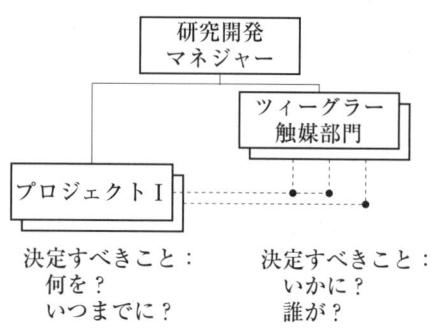

研究開発マネジャー
├─ ツィーグラー触媒部門
└─ プロジェクトI

決定すべきこと：
何を？
いつまでに？

決定すべきこと：
いかに？
誰が？

出所）Roussel et al., 邦訳（1992：177, 181）に基づき作成

　一方，アウトプット組織では，組織を達成すべき事業・製品別に編成する．研究者，技術者は専門領域の集団ではなく，目的別のグループに組み込まれる．研究者，技術者は常に具体的な成果達成を動機付けられ，異なった専門家どうしの触発と調整を強いられる．しかし，目的別の組織編成であるため同一の専

門家間の知識・経験の共有がされにくく，目的指向が強くなるため専門分野における先端的取り組みが疎かになりがちになる．そのため，専門分野での学術的研究成果が狙いにくく，研究者の専門性を開発しにくいという問題がある．

この両者のどちらを採用するかは，研究開発の位置づけや，技術環境，事業環境によって異なる．一般に，基礎研究に近い研究所では，インプット指向型組織がとられ，応用研究に近い場合，アウトプット指向型組織が採用される．また，技術の変化と市場の変化が，相対的にどちらが大きいかという点も組織編成の判断基準となる．技術の変化の方が大きい場合，常に新しい科学技術の追求が将来の事業の源泉になるとの考えから，インプット指向型組織が有効となる．逆に，市場の変化の方が大きい場合，市場環境に適した技術の採用を適時に行っていくことが必要であり，アウトプット指向型組織が適しているといえる．

(2) ライン組織とプロジェクト組織

組織には，ライン組織とプロジェクト組織の2つの考え方がある．ここでライン組織とは，オペレーション業務を階層的に機能配置した定常的組織である．前述のように専門領域で分けるか，目的別で編成するかにより，ライン組織はインプット指向型組織とアウトプット指向組織に分類される．しかし，その両者の良さを併せもった組織運営として，プロジェクト組織を併用する方法がある．

図表7－3の下段には，マトリクス組織が示されている．この場合，研究者，技術者が属するライン組織として専門領域別の機能部門があり，一方で，プロジェクトが製品や事業といった目的別に設置される．したがって，研究者，技術者は，機能部門に通常属し，専門的な研究に携わり，研究者としてのキャリアアップを図るが，時限的に編成されるプロジェクトにも参画し，目的を達成するための専門的な知識の提供と，隣接専門家との応用開発を推進する．

マトリクス組織は，うまく運用すればインプット組織とアウトプット組織の

良い点を組み合わせ，悪い点を軽減することができる．しかし，研究者，技術者からみると，ライン組織長とプロジェクト・マネジャーの2人のボスに管理され，評価されるということになる．資源配分の観点からは両者の相異なる利害を調整する必要があり，運用負担が大きくなるといった課題が残る．

(3) シャープの事例

シャープは，1977年に研究開発の戦略的な仕組みとして「緊急プロジェクト」制度を導入した．これは，社内横断的な技術が必要な緊急開発テーマについて，通常の研究開発とは別に，各事業部や研究所から最適の人材を集め，社長直轄チームを編成するプロジェクト方式である．

通常は，前述のインプット型またはアウトプット型指向組織による定常的なライン組織で推進されているが，戦略的重点テーマにおいてはプロジェクトが起動される．そのテーマに必要なエース級の研究者，技術者を研究所や事業部から集め，一定期間開発に専念させることに特徴がある．プロジェクトには役員に近い権限が与えられる．資源と予算の枠が広がり，トップとの接触も刺激になり，技術的な課題が一気に解決される可能性が高まる．社内では，常に10程度の「緊急プロジェクト」が走っている．

略して「緊プロ」とよばれるこの制度は，他社と一線を画す独自の製品を開発するための特徴的な制度であり，シャープの競争優位の源泉となっている．緊プロによって技術的制約のブレークスルーが達成でき，商用化に繋がった商品がシャープには多い．古くはビデオにおけるフロントローディング方式，ステレオの両面レコード自動演奏，ワープロの音声入力方式等が緊プロによって実用化され，近年も電子システム手帳，液晶ビジョン，左右開き冷蔵庫などが開発された．緊プロは，同社の特徴である「オンリーワン商品」の開発の基盤になっている．

4. 製品開発の組織

(1) 製品開発のプロセス——リレー型とラグビー型

つぎに，本節では研究開発の下流工程である製品開発のプロセスと組織編成について検討する．見込み生産，量産型の事業の場合，製品開発は，研究部門での研究と技術開発や，マーケティング部門での市場調査・分析等の結果を受け，新製品企画—製品設計—生産準備（工程設計）という一連のステップにより実施される．製品企画では，まず市場調査等に基づき，製品のターゲット顧客と，どのようなニーズに対応するかを決め，新製品コンセプトを確定する．そして，製品の機能，性能に関する基本要件・仕様を決定する．次の製品設計では，実現する機能や要件を分解し，それを実現する構造・機構・材料の詳細設計を行う．設計結果として，図面等の設計図書を完成させる．そして，生産準備（工程設計）では，製品設計に基づき，生産する工法，工程を策定し，それを実現する機会設備，冶具，工具，金型等を設計し，準備する．これらの製品開発の後，量産・販売が開始されることになる．

一般的には，製品開発のこの流れがフェーズ（ステップ）ごとに進められることになる．フェーズを順次進めていくことが合理的で効率的な進め方といえる．しかし，実際には意図するか，しないかにかかわらずフェーズごとに進まないケースが多い．

竹内と野中は，世界の有力メーカーの製品開発プロセスの調査結果に基づき，製品開発プロセスの特徴を次の3つのタイプに分け，比較した（Takeuchi and Nonaka, 1986）．第1のタイプは順次型であり，製品企画，製品設計，生産準備といった開発フェーズを逐次的に進めるタイプであり，伝統的な製品開発方式である．これに対して，第2のタイプ（重複型）と第3のタイプ（同時協調型）は各開発フェーズを時間的にオーバーラップさせながら作業を進める方式である．1980年代当時では，多くの米国企業は順次型に近いが，日本企業は同時協調型が多かった．開発チーム内における作業の流れのイメージから，順

次型はリレースタイル,同時協調型はラグビー型スタイルとよばれ,ラグビー型スタイルは,リードタイムの短縮や設計品質の向上に有効であることが指摘された.

(2) 製品開発の組織編成──機能別組織とクロスファンクショナルチーム

製品開発にはさまざまな部門と人材が関与する.製品の設計エンジニア,部品の設計エンジニア,意匠デザイナー,生産技術・工程の設計エンジニアが中核であるが,品質保証,購買部門,生産部門,販売・マーケティング部門,保守・サービス部門なども加わる.設計エンジニアも,機械系,電気系・材料系など多くの専門領域にまたがる.そして,企業内だけではなく,サプライヤーなど会社を超えた共同開発体制をとる場合もある.

製品開発で必要となるこのような多様なメンバーをどのように組織編成するかが重要な組織課題となる.クラークとフジモト(Clark, K, B. and T. Fujimoto, 1991)は,製品開発組織を,開発要員の分業化度(技術,部品ごとの専門化の程度が高いかどうか),内部統合度(分業化した機能を高度に全体調整できているかどうか),外部統合度(製品が顧客ニーズに合致しているかどうか)の諸点の分析に基づき,開発組織を4つのタイプに分け,その特徴を論じた(図表7－4).

機能別組織は,組織を専門技術や機能の観点から編成した組織である.分業化度が高く,技術分野や機能を高度化していく上では有効である.その反面,製品全体に責任をもつ責任者がいないため内部統合,外部統合は弱くなる.プロジェクト・チーム組織は,機能別組織の対極にあり,開発する製品別のプロジェクトを編成する方式である.製品開発の一貫性は高まり,内部・外部統合は強力になるが,一方メンバーは幅広い責任をもち分業化の度合いが低い.軽量級プロダクト・マネジャー,重量級プロダクト・マネジャーはその中間的な特性をもつタイプである.

クラークとフジモト(1991)によれば,例外もあるものの一般に内部・外部

統合が強まると，開発スピードが速まり，品質が向上する傾向が明らかになった．実際に，純粋なプロジェクト・チーム組織は希であるが，重量級プロダクト・マネジャー型がもっとも良好な成果をあげていることが示された．

　以上のように，製品開発に関して，プロセス面においては同時並行性が，組織面においてはクロスファンクショナルチームの重要性が指摘されている．今日，新材料の開発や高密度実装，高性能化といった技術自体の高度化に加え，製品のシステム化に伴う単体技術から複合技術への重要性のシフトが進んでいる．また，生産技術革新の進展もいちじるしい．他方，各産業で成熟化が進行し，細分化されたニーズ対応の競争が益々激化している．このような中で，競

図表７－４　開発組織のタイプ

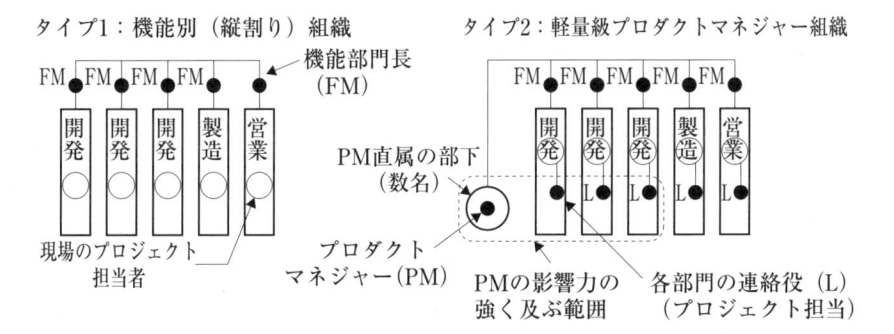

タイプ1：機能別（縦割り）組織
タイプ2：軽量級プロダクトマネジャー組織
タイプ3：重量級プロダクトマネジャー組織
タイプ4：プロジェクトチーム組織

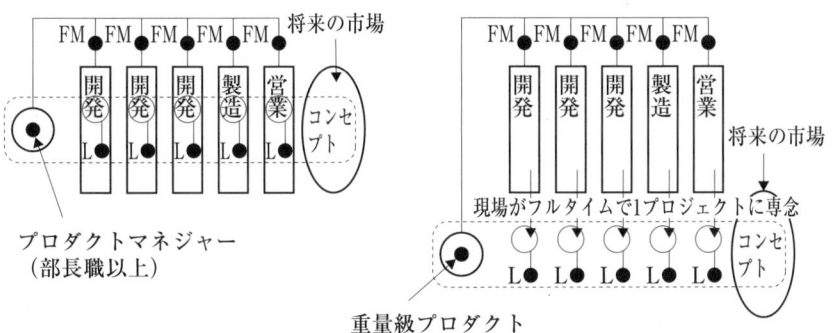

出所）Clark and Fujimoto，邦訳（1993：323）に基づき作成

第7章　研究開発組織

争力のある品質を有した製品をより速く適時に，かつ低コストで開発するには，多部門の知識・ノウハウを掛け合わせることが必要となる．従来の機能別組織が主体となった逐次的開発プロセスでは十分に知識・情報を交換することができず，結果としてミス，やり直しが多発することになってきた．クロスファンクショナルチームと同時並行的プロセスにより，知識・情報の交換を開発工程の上流で集中的に行うことによって，開発期間の短縮と開発コストの低減，そして高品質化を実現することが可能となる．

(3) トヨタの事例

トヨタは，製品開発組織を時代とともに革新している（延岡，1996）．1991年以前は，プロジェクトに軸足をおいた組織編制をとっていた．製品企画統括

図表7－5　自動車メーカーの製品開発組織のタイプ

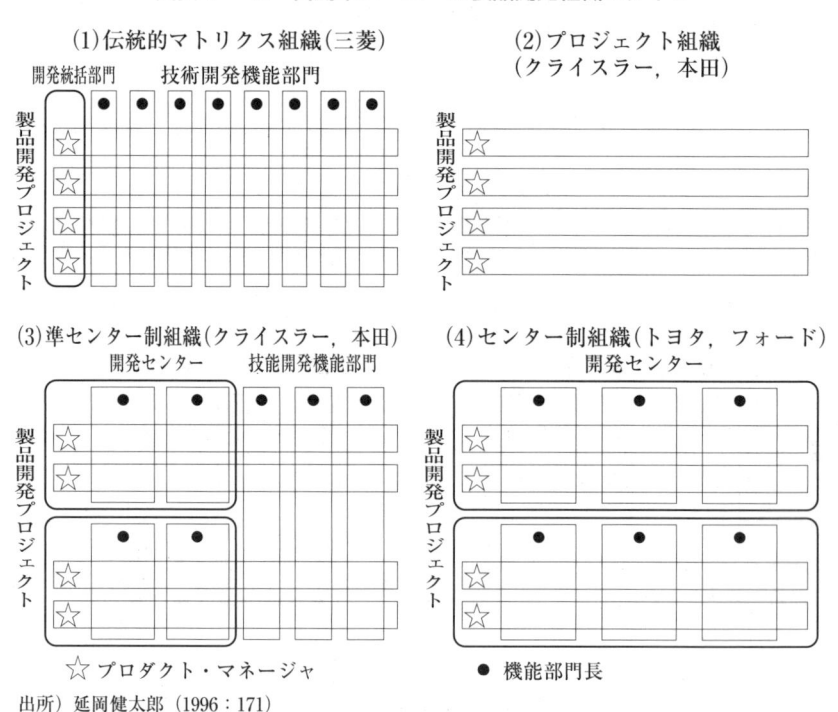

(1)伝統的マトリクス組織(三菱)
(2)プロジェクト組織（クライスラー，本田）
(3)準センター制組織(クライスラー，本田)
(4)センター制組織(トヨタ，フォード)

☆プロダクト・マネージャ　　●機能部門長

出所）延岡健太郎（1996：171）

部に所属するチーフエンジニア（主査に相当）が重量級プロダクト・マネジャーとして，機能部門に所属するプロジェクト・メンバーを統括していた．前述の重量級プロダクト・マネジャー組織に近く，それにより製品開発の高い統合力を維持することができた．

　しかし，1992年から93年にかけ，製品開発組織をセンター制に移行した．これは，各機能部門の分業化が進み技術者の専門領域が狭くなったこと，製品プロジェクトが多く，機能部門長の調整負担が増大したこと，逆にチーフエンジニアが機能部門を効果的に統括しにくくなったこと，等の問題が顕在化したためである．センター制組織は，完全な機能別組織でも，プロジェクト・チーム組織でもない（図表7－5）．プラットフォーム（車台）別に3つの開発センターを設置し，チーフエンジニアは開発センターに所属することになった．そして，各開発センター内の機能別組織の中で，プロジェクト・チームを編成するようにした．その結果，センター内のプロジェクト間調整はセンター長が担当することにより，機能部門長とチーフエンジニア（プロダクト・マネジャー）の負荷が軽減された．

演・習・問・題

問1　ホームページ等の企業の情報により，いくつかの業種の企業の研究開発組織を調べなさい．

問2　上記の結果に基づき，業種別に研究開発組織の編成の仕方に差異があるかどうか，またその理由を検討しなさい．

参考文献

Clark, K. B. and T. Fujimoto (1991) *Product Development Performance*, Harvard Business School Press.（田村明比古訳『製品開発力―日米欧自動車メーカー20社の詳細調査』ダイヤモンド社，1993年）

Rosenbloom, Richard, S. and William, J. Spencer (1996) *Engines of Innovation*, Harvard Business School Press.（西村吉雄訳『中央研究所の時

代の終焉』日経BP社,1998年)

Roussel, Philip A., Kamal N. Saad and Tamara, J. Erickson (1991) *Third Generation R&D*, Harvard Business School Press. (田中靖夫訳『第三世代のR&D』ダイヤモンド社,1992年)

Takeuchi, H. and I. Nonaka (1986) "The New New Product Development Game," *Harvard Business Review*, Jan.-Feb.

平野千博・西潟千明(1990)『我が国の主要企業における「基礎研究」について』科学技術庁科学技術政策研究所,NISTEP REPORT No. 8

日立製作所(2005)『研究開発および知的財産報告書2005』日立製作所

今野浩一郎(1993)『研究開発マネジメント入門』日本経済新聞社

延岡健太郎(1996)『マルチプロジェクト戦略―ポストリーンの製品開発マネジメント』有斐閣

総務省統計局(2005)『科学技術研究調査報告 平成16年』総務省

山之内昭夫(1992)『新・技術経営論』日本経済新聞社

《 推薦図書 》

1. 今野浩一郎(1993)『研究開発マネジメント入門』日本経済新聞社
   研究開発の組織と管理を学ぶための入門書として適している.
2. Rosenbloom, Richard S. and William, J. Spencer (1996) *Engines of Innovation*, Harvard Business School Press. (西村吉雄訳『中央研究所の時代の終焉』日経BP社,1998年)
   産業界における研究開発の事例と今後の方向が論じられている.

第8章の要約

　この章では，企業の研究開発活動を担う人材（研究者）を対象にした人材マネジメントの現状を，採用と育成，仕事の進め方とその評価，人事評価と処遇，キャリアと専門職制度に区分し，質問紙調査や事例調査の結果をもとに，解説している．

　採用に関しては，大学推薦がほとんどであったのが研究者の採用であるが，近年，自由応募が増えてきている．採用後，研究所に配属された新人は OJT で育成されるが，一人前の研究者になると，学会等の社外での活動も育成の重要な手段となる．また社内学会や研究室ゼミなどが開催され，専門能力を高める機会が意図的に設けられている．

　他方，成果主義の報酬制度が進展してきているが，現状では，むしろその報酬決定の前提となる人事評価の納得性を高めることが必要である．また，研究者には年齢限界意識が強いが，それは年齢が高まると研究能力が低下するからではなく，管理業務等を担う立場に立たされるからである．管理業務を担わなくとも，高度な専門能力を発揮することにより企業に貢献できる「専門職制度」を構築することが必要である．

　研究開発に必要な「創造性」は，良い環境のもとで，より発揮されやすくなる．そのような良い環境を整えていくのは，人材マネジメントの重要な役割である．優れた人材マネジメントにより，優れた研究成果が生み出されることを期待したい．

第8章　研究開発の人材マネジメント

1. はじめに

　研究開発は，企業の長期的な発展や存続に，決定的な影響を与える活動である．なぜなら，それにより企業の競争力を左右する新製品が生み出されていくからである．その研究開発を実際に推進していくのは，人間という経営資源，つまり人材である．人材の活動に影響を及ぼす要因にはさまざまなものがあるが，そのうち「人間に関わる企業内の仕組み」に関する要因を検討するのが人材マネジメントである．この章では，研究開発における人材マネジメントの現状を，いくつかの質問紙調査（アンケート調査）と3社（A社：電子機器製造業，B社：製薬業，C社：石油関連業）の事例調査（筆者が2005年に実施した調査）の結果を用いて明らかにしながら，必要な方策を論じる．

　ところで，なぜ「研究開発の人材マネジメント」を，通常の人材マネジメントとは別に論ずる必要があるのだろうか．それは，研究開発という活動やそれを担う人材には，他の企業内の活動や人材とはいくつかの点で異なっているからである．その異なる点の第1は，研究開発が，企業にとってきわめて重要な活動ということである．第2は，その活動を担う人材には高度の専門的知識が要求されるということである．たとえば，博士や修士という学位の保有者も少なくない．第3は，成果が出るまでには，たとえば製薬業における10年以上のように，長期間を要する活動ということである．そして第4は，研究開発の仕事は，それを担う人材の創意工夫によって推進されるということである．このような特性のある活動ということが，通常の人材マネジメントとは別に，「研究開発の人材マネジメント」を論ずる必要性の背景にある．

　なお，一口に研究開発（R&D: Research and Development）というが，それは「研究（Research）」と「開発（Development）」に大別できる．本章では，このうちできるだけ「研究」について論じ，「開発」に関しては付随的に言及することにする．前者の方に，上記の特性がより強く現れるからである．また，研

究開発を担う人材のことを,「研究員」と表記する.

2. 企業における研究員の動向と特性

研究開発の重要性を指摘したが,その人数はどのように推移してきているのだろうか.図表8-1は,研究員の人数の推移を,研究機関の種類別にみたものである.図表8-1に示すように,企業の研究員は増加していて,その割合がすでに全体の58%に達している.なお,このような人数増加の理由を企業に問うた調査結果では,「研究開発の重要度の増加」という回答がもっとも多くなっていた(文部科学省,2003).また,企業に属している研究員の所属先は,業種別では製造業がほとんどで,規模別には大企業が多くなっていた(科学技術指標プロジェクトチーム,2004).

このような企業の研究員の年齢構成を示すと,図表8-2のようになる.図

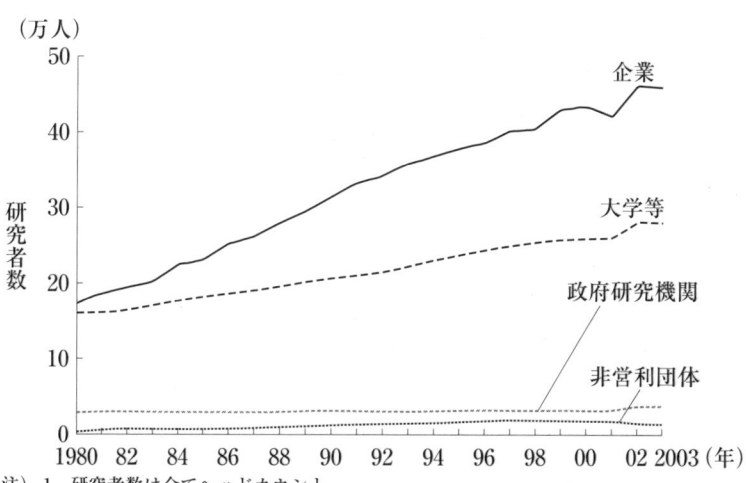

図表8-1 研究員人数の推移

注) 1. 研究者数は全てヘッドカウント.
 2.「企業」は,科学技術研究調査報告より2001年までは「会社等」,2002年以降は「企業等」のデータを使用した.
 3.「非営利団体」は2001年までは「民営研究機関」として集計されていた.
資料) 総務省「科学技術研究調査報告」
出所) 科学技術指標プロジェクトチーム(2004:56)

第8章　研究開発の人材マネジメント

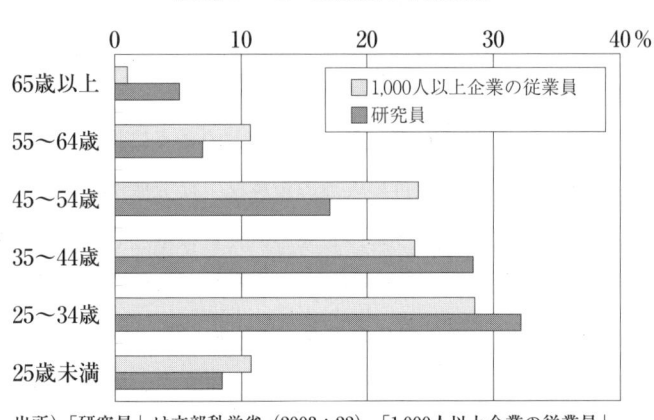

図表8－2　研究員の年齢構成

[棒グラフ：横軸0～40%、縦軸は年齢階層（65歳以上、55～64歳、45～54歳、35～44歳、25～34歳、25歳未満）。1,000人以上企業の従業員と研究員の比較]

出所）「研究員」は文部科学省（2003：22），「1,000人以上企業の従業員」は総務省『労働力調査年報（平成14年版）』より作成

　表には比較のために，1,000人以上の大企業従業員の年齢構成も示してある．大企業全体の従業員と比べると，中高年層が少なく，若年層や中堅層の人が研究員には多いことがわかる．

　これらのことから，製造業の大企業では研究開発の重要性を実感し，その活動に若年・中堅層の人材を投入してきているといえる．

　ところで，このような企業の研究員には，どのような能力や素養が求められているのだろうか．民間企業の研究員自身に問うた結果では，創造性（64.6%）という回答がもっとも多く，以下，専門分野の知識（58.9%），探究心（56.1%），課題設定能力（53.8%）と続いた（文部科学省，2004b）．専門分野の知識以上に，「創造性」が重視されていることが注目される．

　その創造性をめぐっては，それが限られた少数の人材のみが保有する能力という見方と，環境を整えれば，程度の差はあるとはいえ，多くの人が発揮できるものという見方がある（林，1994）．後者の見方に属するものとして，図表8－3に示したアマビル（Amabile, T. M., 1998）のモデルは興味深い．このモデルでは，図に示すように，創造性（Creativity）は，専門力（Expertise），創造的思考力（Creative-thinking skills），そして意欲（Motivation）という3つの構

図表 8 − 3　創造性モデル

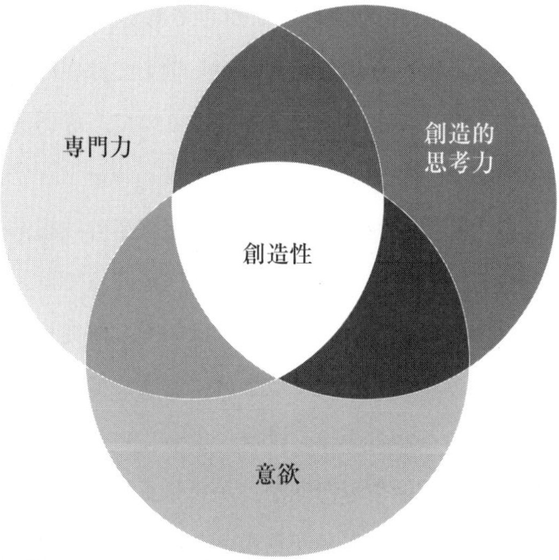

専門力　創造的思考力　創造性　意欲

出所）Amabile, T. M.（1988）

成要素によって決定されるとされている．これらの構成要素を高めるような環境や仕組みを整えることが，創造的な成果につながるという指摘である．興味深いというのは，このモデルは人材マネジメントの重要性を示唆するからである．

3. 採用と育成

では，研究開発の人材マネジメントはどのように展開されているだろうか．調査結果を用いて，その実状を描いていこう．まず，採用である．

(1) 新卒採用

現在，新卒者（新規学校卒業者）で研究員となる人のほとんどは，「修士」の人である．「博士」で採用される人も皆無ではないが，博士のレベルまで達した専門性と，企業で必要とする専門性が一致しなくなることが多いので，博

士の人の応募は少なく採用も少ないという．学士（学部卒）中心の採用から修士中心になってきたのは，10年くらい前からである．その背景には理工系学生の大学院進学率の上昇という現象があるが，学士では専門教育は2年間しか受けていないが，修士となるとさらに2年受けるので，専門能力の違いが大きいことが影響している．

このような研究員の採用活動は，「学部卒・大学院卒の技術系（理工系学生）」という括りで行われる．その括りなので，採用内定時点では，誰を研究開発の仕事に配置するかは決めていないという．とはいえ，研究員としてどのような専門領域の人を採用するかは，社内では事前に決まっているので，内定者の専門領域により研究員となるか否かは，ほぼ決まっているとみてよい．それゆえ，研究員の採用時には専門領域や専門性が，かなり重視されることになる．これは，専門性より，熱意・意欲や人柄が重視される事務系（文科系学生）の採用（永野，2004）とは，かなり異なる点である．また，採用活動の時期は業種によって差があるが，技術系の採用活動が先行し，それが終了してから事務系の採用活動を行うのが一般的である．

ところで技術系の採用では，従来は，大学やその教授に学生の推薦を依頼し，推薦された学生を対象に選考を進めるという企業が多かった．榊原（1995：23-27）は，そのような採用方法が研究員の同質化を招き，それが創造的な研究成果を生み出しにくくさせている原因と指摘していた．しかし近年，このような方法による採用が減少してきている．すなわち，学生による企業への自由応募（推薦なしで応募する形）の増加である．自由応募の増加に伴い，応募者数は増え，選考の手間やコストも増加してきているが，優秀な人材を獲得するためにはやむを得ないと企業には受けとめられている．

(2) 新人の育成

新卒者に関しては，1～3ヵ月程度の新入社員研修を行う企業が多いが，その終了までには，配属が決定される．その配属は，研究員の場合は専門性と本

人の意思を考慮して決定されるが，配属後，直ちに一人前の研究員として活躍できるわけではない．「少なくとも，安全やコンプライアンス（法令順守）に対する考え方という企業研究員としての常識が不足（C社）」という側面もあるし，「研究で必要とするさまざまなテクニックが未熟（B社）」という側面もあるという．

そのB社の研究所では，チームで仕事を進めることが多いので，新人もそのようなチームのメンバーとなって研究活動をスタートさせている．その際，最初のうちは，上司が「○と△を調合し，それを▽mg投与し，□時間おきに◇を測定する」というように，その日にどんな仕事をどのような手順で進めるかを細かく指示を出す．新人は指示に従って仕事をするうちに研究に必要なテクニックを習得し，やがて研究の流れや組み立てが理解できるようになり一人前の研究員になっていくが，そうなるまでには3年近くかかるという．

他方A社でも，研究所に配属された新人は研究チームの一員となり，その中で仕事を進めていくことになる．ただしA社では，教育の主旨で新人に対しては個別に研究テーマが与えられるので，仕事をしながらそのテーマに取り組む．その際，先輩や上司が指導役となる．新人は，配属された年度末にそのテーマに関する研究成果を所内の全研究員の前で発表し，それが終わると一人前の研究員とみなされるという．なおA社では社内に，「解析技術」とか「デジタル回路設計」など，技術に関する研修コースが多数準備されていて，研究員も必要な場合には，それを受講している．

このように，新人に対しては，一部，Off JT（仕事を離れて受ける研修）を交えながらも，OJT（仕事につきながらの教育訓練）を中心にした育成が行われている．その様子は，企業に研究員に対して実施している教育を尋ねた調査結果（図表8－4）からも，確認できる．図表8－4では，「新人研究員に対して」は，OJTがもっとも多くなっているからである．

第8章 研究開発の人材マネジメント

図表8－4　対象別の研究者に対する教育方法（上位5位まで）

対象や目的	新人研究者	研究管理者	専門分野の深化	専門分野の転換
第1位	OJT (77.8%)	企業外での講習 (53.9%)	企業外での講習 (58.5%)	OJT (50.8%)
第2位	企業内での集合教育 (60.4%)	自己啓発への援助 (49.4%)	自己啓発への援助 (38.3%)	企業外での講習 (41.4%)
第3位	自己啓発への援助 (54.4%)	企業内での集合教育 (36.4%)	外部資格取得の取得と奨励 (25.1%)	自己啓発への援助 (34.4%)
第4位	企業外での講習 (28.9%)	OJT (23.7%)	OJT (18.9%)	企業内での集合教育 (19.1%)
第5位	外部資格取得の取得と奨励 (19.5%)	外部資格取得の取得と奨励 (21.0%)	国内留学 (17.0%)	何もしていない (16.2%)

出所）文部科学省編（2003：55）より作成

（3）中途採用

　ところで人材の採用には，経験者を採用する「中途採用」もある．民間企業に「最近5年間の研究員の中途採用」の実施状況を尋ねた調査結果では，「実施した」が50.9%と半数を占め，企業規模が大きいほど実施割合が高くなっていた．また，その実施企業に実施理由を問うと，「即戦力がほしいから」という回答が76.8%ともっとも多くなっていた（文部科学省，2004b）．

　しかしA社では，「製品開発の段階に入ると，目標が明確になり，しかもそれを短期間に完成させる必要があるので，大量の人員が必要になる．その段階では必要な人材を中途採用している．しかし，基礎研究の段階では，人員を大量に投入すれば良いというわけでもなく，しかもかなり特化した研究テーマについての即戦力という人は少ないので，中途採用は皆無ではないがあまり多くない」と述べていた．そして，むしろ「大学との共同研究を進めるなど，外部資源の活用を増やすことで，人員の不足を補っている」という．

　基礎研究では，意外に中途採用は少ないのが現状のようだ．

(4) 中堅研究員の能力開発

　つぎに，中堅研究員の能力開発についてみてみよう．図表8－4に示したように，「専門分野を深化させるため」の教育としては，「企業外での講習」がもっとも多くなっている．その項目に含まれる「学会発表」や「学会出席」は，能力開発の側面からも基礎研究の分野ではよく実施されている方法である．学会での討論に参加するうちに，それまで思いつかなかった着想を得ることがあるという．それゆえ，学会発表を奨励する企業は少なくないが，研究成果を完全に自由に発表させているわけではない．というのは，研究の段階によっては，社外への公開が，その企業にとっては競争上の不利となることがあるからである．

　しかし，研究員には研究成果を発表したいという願望がある．その願望を満たすという意味もあって，社内の全研究員を一同に集めた研究発表会（社内学会）を実施する企業は多い．その場で，優秀な発表に対しては表彰を行う場合もある．またB社では，この研究発表会とは別に，各研究室単位で「研究室ゼミ」という勉強会を月2回開催したり，研究室横断的な若手研究員だけによる自主的な「若手研究員ゼミ」も開催したりして，能力開発の機会を拡げている．

　それ以外に，海外の大学や研究機関への留学も実施されている．また，研究がある程度まとまってくると，それを土台にして博士の学位を取得する研究員は少なくない．既述したように，博士で採用された人は少ないので，現在，企業に所属している博士研究員の多くは，入社後に学位を取得した人たちである．学位取得を目指して自分の研究を整理し発展させることは研究員の励みになり，また海外の研究所や企業との付き合いの中では学位が必要とされることも多いので，企業としてはその取得を奨励しているという．

4. 研究開発の進め方とその成果の評価

　基礎に近い領域を担当している研究所では，5～15人程度の研究員からなる「研究室」と，数個の研究室からなる「研究部」という組織を形成している

ことが多い．各組織は，それぞれの学問領域に基づいた区分になっていて，仕事の多くはその組織を単位として展開されている．なお，仕事がより開発に近くなると，異なる専門分野のメンバーで構成される組織横断的なプロジェクトチームが作られ，そこに仕事が移行することが多くなる．

　研究開発も企業内の活動であるので，他の企業内の活動と同様に，計画や予算をたて，それを期限内に実施し，その成果を評価し，次の計画や予算につなげるというプロセスを経ながら展開されていく．たとえばＢ社では，全社的な経営計画の一環としてまず研究開発目標が提示される．それを達成するための研究テーマを，研究部や研究室で議論しながら，研究員が提案する．提案された研究テーマは，研究部長以上が出席する「研究評価会議」で審査され，正式のテーマとして採択されるか否かが決定される．採択されたテーマに関しては，一定期間の研究予算と成果目標（マイルストン）が設定される．その後，研究室で研究開発活動が展開されるが，各研究室では毎月，半日から１日かけ，その室が担当しているすべての研究について進捗状況や今後の方向性が検討される．そして各テーマの研究の節目やマイルストンの通過時には，研究評価会議の審査を受け，次のステージに進むか，まだ研究を継続するか，あるいは研究を打ち切るかなどが決定される．このような合議による研究テーマの決定や研究成果の評価という方法は，Ａ社やＣ社でも同様であった．

　創造的な研究成果を促すためには，上記のような正式な研究テーマの推進のみではなく，非公式な研究テーマを研究員が自主的に推進する「アングラ研究（ヤミ研究）」が必要であるという主張が，しばしば唱えられる（今野，1993：114）．アングラ研究とはいえ，実際に企業内で行われる活動なので，職場の上司や同僚が気づかないまま研究が行われるということは考えられない．アングラ研究とは，正式な研究テーマではないものの，組織に認知されている研究と考えた方が良いだろう．そのようなアングラ研究に対しては，「研究室テーマという各研究室が自主的に推進できる研究がある．それにはマイルストンも設定されないので，それが該当する（Ｂ社）」という企業があった一方，「探索研

究という可能性を探るための研究があるが，それも正式な研究テーマなのでアングラ研究ではない．全社的に予算の透明度が高くなっているので，アングラ研究はできない（A社）」という企業もあった．A社の指摘するような予算管理の強化という側面は，全般的な傾向として否定しがたいので，アングラ研究はあまり活発に行われていないのかもしれない．

なお，研究活動の展開にあたっては，「フレックス・タイム制」や「裁量労働による"みなし労働時間制"」が用いられることが多くなってきている．前者は，出退勤の時間を一定の範囲内で自由にする制度で，後者は出退勤のみならず実際の労働時間の長さも管理しない方法で，「何時間働いたとみなす」という方法である．研究のステージによっては，労働時間や勤務時間を柔軟にした方が効率的になることを考慮した対応である．

5. 人事評価と処遇

(1) 人事評価とその反映

研究成果の評価とは別に，研究員の処遇を決定するために人事評価が実施されるが，この2つの評価には密接な関連がある．というのは，人事評価の具体的な基準として研究成果のマイルストンが用いられたりするからである．しかし，研究員の，研究評価に対する満足度は高いが，人事評価に対する満足度は低いのが実状である（石田，2002：25）．人事評価は個人ベースの評価なので，集団としての研究成果に対する個人の貢献を明瞭にする必要があるが，その「個人貢献」の明瞭化に問題があることが示唆される．

ともあれ，企業の研究員に対する人事評価で重視される研究業績は，「製品化」や「特許の取得」という実践的な業績であり，「学会発表」や「論文発表」という学術的な業績ではない（文部科学省，2004b）．「学会発表や学術論文は研究の過程の副産物で，評価の基本は事業へ貢献度や貢献の可能性（C社）」というのが，多くの企業の考え方である．

人事評価の結果は，報酬や処遇に反映されることになるが，それが実際に反

図表8-5 高い研究業績への報い─企業と研究者の関心の比較[1]

(単位：％)

	企業が 重視している項目	研究者が 重視している項目
給与や昇給	12.7	11.5
ボーナス・報奨金	11.5	11.7
リフレッシュ休暇	0.2	2.8
長期休暇	0.0[2]	2.1
管理職への昇進	17.9	5.1
高度専門職への登用	5.6	7.7
研究テーマ等の自由度増大	5.9	13.8
研究活動の自由裁量増大	4.0	13.4
研究費の増加	3.6	10.3
研究スタッフ増加	4.9	8.8
留学等研究機会	7.4	8.1
社内の賞	14.9	2.2
特許の取得	2.5	0.5
その他	0.2	0.3
計	100.0	100.0

注）1. 1位から3位まで順位をつけて選ばせた結果に1位3点，2位2点，3位1点を与えて集計した合計に対する各項目の評点の比率を％としている．
　　2. 0.05未満
出所）石田英夫編（2002：19）

映されている項目と，研究員が反映させてほしいと考えている項目は同一ではない．図表8-5は，「高い研究業績」に対する報いについて尋ねた調査結果である．企業がもっとも重視しているのは，「管理職への昇進」で，ついで「社内の賞」，「給与や昇給」，「ボーナス・報奨金」である．このうち，「給与や昇給」と「ボーナス・報奨金」という金銭的な報酬に関しては，研究員も企業と同程度に重視している（石田，2002：19）．

しかし，「研究テーマや研究の進め方の自由度の増大」「研究活動の自由裁量の増大」という項目は，企業ではほとんど重視されていないが，研究員にはもっとも重視されている項目である．既述した「アングラ研究」は，このような自由な研究環境を求める研究員自身の要望に基づいたものであると考えると，範囲を明確にする必要があるものの，それを研究活動の中に位置づける必要があるように思える．

(2) 年収の決定

　図表8-5で企業と研究員双方が同程度に重視していたのは，もっとも主要な労働条件ともいえる金銭的報酬であった．それに関しては，個人の役割やその達成度に応じた報酬という，いわゆる「仕事基準」や「成果主義」という方向への変化が研究者に対しても現在進行中である．しかしこれまでの報酬決定が，役割やその達成度と無縁だったわけではない．それゆえ，日本の研究員の年収やその基礎となる人事評価は，国際的にみてどう異なっているのかを，まず明らかにする必要がある．

　この点をみるために，永野（2002）は日英米の3ヵ国の研究員の報酬データを分析している．その結果，いずれの国でも年齢と業績の多寡によって年収が決定されているとみなせること，その中で日本は他の国より年収に及ぼす年齢の影響が大きいこと，そして日本では業績の高い人ほど「業績による報酬の差を拡大すべき」と考えていることがわかった．しかし同時に，「人事評価結果の本人へのフィードバック」は，業績の多寡や国等に関わりなく強い希望が示されたが，日本ではその実施率がかなり低いこともわかった．これらの結果から，日本の研究所では年収の決定にあたって，業績のウェイトを高め年収の格差を拡げることが望ましいものの，その際，年収決定の前提となる評価結果について，その評価方法や評価基準を明確にした上で，評価結果を本人へフィードバックすることがまず必要と指摘できる．

　単に報酬格差を拡大させるのではなく，その前提となる評価制度の透明性や公平性を高め，納得の得られるような手だてを講じることが必要である．

(3) 発明報奨

　上記の年収とは別に，金銭的報酬でもうひとつ議論となるのが，仕事で生まれた発明（職務発明）に対する「発明報奨」である．「会社に数百億円の利益をもたらした発明に対する報奨が数万円に過ぎなかった」と高額の報奨金を要求する訴訟が何件か発生し，この問題が社会的な注目を浴びるようになった．

この報奨制度に対しては，発明が雇用関係にある研究員の仕事で生み出されたものであるので，特別の報奨を支払う必要はないという考えもある．その考えは，発明に失敗したからといって，雇用が打ち切られたり給与が減額されたりすることはないのに，費用を全額会社が負担した研究であるにもかかわらず，成功した場合だけ報奨を求めるのはおかしいという考えに基づいている．

　この主張は正論とすらよべるものであるが，やはり貢献と報奨のバランスが重要であろう．巨大な貢献が明瞭である場合には，特別にそれに報いることによって両者のバランスを図ることが必要である．そのようなバランスの回復により，本人も周囲も納得し，次のより優れた研究成果を生み出す素地につながっていくだろう．発明報奨の規定を改定し，金額の上限をなくす企業が増えてきているのは（「従業員の発明報奨"上限なし"6割超」『日本経済新聞』2005年7月22日朝刊），このような背景がある．

6. キャリアと専門職制度

(1) 企業内異動

　ところで，研究員の年齢構成は，図表8－2に示したように，比較的若い人が多くなっている．そうなるのは，研究員になるのは新卒者がほとんどで，他部門から異動してくる人は少ないが，逆に他部門に異動する人はいるという，異動パターンがあるからである．この異動パターンの背景には，「最先端のことを研究しているので，一度そこから離れると，遅れを取り戻すのは容易ではない（B社）」という事情があるという．なお，異動先の他部門は，特許や学術という研究に関連する部門や，研究成果を製品に結び付ける開発部門などが多い．

(2) 年齢限界

　では，なぜ研究員は徐々に研究そのものの活動から離れていくのだろうか．研究開発という創造的な仕事は，年齢が高くなると成果が生み出しにくくなる

のだろうか．これが，いわゆる「年齢限界説」である．

「研究員として活躍できる年齢に限界があるか」と研究員に直接問うた調査結果では，日本の研究者は過半数が「年齢限界がある」と答えていて，他の国の研究者と比較すると，それはいちじるしく高い比率であった．しかし年齢限界がある理由を問うと，能力の低下を指摘する回答は少なく，「管理業務による多忙のため」という回答が多くなっていた（石田，2002：13-14）．

日本では年齢限界を感じる人が多いが，それは年齢とともに管理業務等を担う立場に立たされるからとみて良いだろう．実際，図表8－5でみたように，優れた研究成果に対しては「管理職への昇進」で報いることが多くなっていた．しかし，研究者の高度な専門能力は長い時間をかけて育成されたものであり，それを発揮すること自体で企業に貢献できる人や，管理業務等は苦手で，それを雑用と受けとめ管理職となることを嫌う人もいる．管理職ルートとは別の，自らの専門的な能力を発揮することにより貢献できるようなルートである「専門職制度」をつくることが必要であろう．

(3) 専門職制度

そのような専門職制度は，かつて高齢化の進展による役職ポスト不足が顕在化してきた頃に，役職に就けない中高年者の処遇を目的として導入されたことがある．その時には，専門的能力のない人が専門職に任命されたりして，専門職の地位が低下してしまい，結局，制度自体がうまく機能しなくなってしまった（石田ほか，2002：80）．しかし，研究開発という仕事の特性を考えれば，その制度を復活させる意義があるように思える．

実際，C社では2年前から専門職制度を導入し，現在約10人の研究者がプリンシパル・リサーチャーなどの特別の呼称をもつ専門職となっている．専門職になれるのは，研究管理職のうちから希望者を募り，研究所長による面接等の審査を経て任命された人で，これまでに優れた研究成果をあげてきた人である．彼らは，企業の外部との研究上のインターフェース役，研究所内でのアド

バイザー役，後進の指導役などを果たしながら，実際の研究も推進しているが，管理業務には携わっていない．他方，A社では，専門職制度のように管理職とは異なるルートを作るのではないが，役職者・非役職者にかかわらず，優れた研究業績をあげた研究者にA社フェローなどの称号を与えている．この人選は，取締役会が決定し社長が任命するもので，現在までに十数人が任命されている．任命されると全社に告知され，いくつかの便益が講じられる．

　上記の事例のうち，少なくともC社の事例は，研究者の研究意欲を刺激し，また不得手な管理業務に就かなくとも業績に見合った処遇を可能にする制度である．このような制度が，年齢限界意識を克服し，その高い専門能力を年齢にかかわらず発揮できるようにするために必要であろう．

　この章では，研究者を対象にした人材マネジメントを，採用と育成，仕事の進め方とその評価，人事評価と処遇，キャリアと専門職制度に区分し，その現状を紹介しながら，必要な対策を考察してきた．世界の中で技術的な最先端グループに属するようになった日本企業に対しては，独創的な研究開発の展開が強く求められてきて，またそれなしには成長もおぼつかなくなってきている．人材マネジメント自体には，独創的な研究開発の成果を生み出す力はないが，それにより，研究者の能力や意欲を高め，優れた成果の産出を支援し促進することは可能である．優れた研究開発の人材マネジメントが展開されることを期待したい．

演・習・問・題

問1　研究者の採用において，大学推薦はどのような機能を果たしてきたのか，説明しなさい．
問2　アングラ研究とは何のことか，説明しなさい．
問3　専門職制度とは何のことか，説明しなさい．

参考文献

Amabile, T. M. (1998) "How to Kill Creativity," *Harvard Business Review*, Sep.-Oct., Harvard University, pp. 77-87.

林伸二 (1994)「創造力とは何か」『青山経営論集』第29巻第1号, 青山学院大学, pp. 7-19.

今野浩一郎 (1993)『研究開発マネジメント入門』日本経済新聞社

石田英夫編 (2002)『研究開発人材のマネジメント』慶應義塾大学出版会

石田英夫・梅澤隆・永野仁・蔡芢錫・石川淳 (2002)『MBA 人材マネジメント』中央経済社

科学技術指標プロジェクトチーム編 (2004)『科学技術指標 (平成16年版)』文部科学省科学技術政策研究所 (http://www.nistep.go.jp/achiev/ftx/jpn/rep073j/idx073j.html)

文部科学省編 (2003)『民間企業の研究活動に関する調査 (平成14年版)』文部科学省 (http://www.mext.go.jp/b_menu/houdou/15/09/03091702/001/001.pdf)

文部科学省編 (2004a)『民間企業の研究活動に関する調査 (平成15年度)』文部科学省 (http://www.mext.go.jp/b_menu/houdou/16/09/04082701/001/all.pdf)

文部科学省編 (2004b)『我が国の研究活動の実態に関する調査 (平成15年版)』文部科学省 (http://www.mext.go.jp/b_menu/houdou/16/09/04091501/001/001.pdf)

文部科学省編 (2005)『科学技術白書 (平成17年版)』文部科学省 (http://www.mext.go.jp/b_menu/houdou/17/06/05060903.htm)

永野仁 (2002)「研究成果と報酬」石田英夫編『研究開発人材のマネジメント』慶應義塾大学出版会 第7章

永野仁編著 (2004)『大学生の就職と採用』中央経済社

榊原清則 (1995)『日本企業の研究開発マネジメント』千倉書房

《推薦図書》

1. 福谷正信 (2001)『R&D 人材マネジメント』泉文堂
   研究者の人材マネジメントについて, 調査結果をもとに考察した啓蒙書.
2. 藤本昌代 (2005)『専門職の転職構造』文眞堂

研究者の転職行動を，社会学のツールを用いて分析した研究書.
3. 今野浩一郎（1993）『研究開発マネジメント入門』日本経済新聞社
　　人材マネジメントも含めた研究開発マネジメント全般についての入門書.
4. 石田英夫編（2002）『研究開発人材のマネジメント』慶應義塾大学出版会
　　海外も含めた豊富なアンケート調査や事例調査を駆使した研究書.
5. 榊原清則（1995）『日本企業の研究開発マネジメント』千倉書房
　　日米比較を中心にした研究開発マネジメントについての研究書.

第IV部
知的財産権マネジメント

- 第I部 技術競争と技術経営
- 第II部 技術戦略と連携マネジメント
- 第III部 R&Dマネジメント
- 第IV部 知的財産権マネジメント
  - 第9章 知的財産マネジメントと技術経営
  - 第10章 特許権とそのマネジメント
- 第V部 ものづくりのマネジメント

技術経営
テクノロジー

第9章の要約

　企業間競争が激化する中で，製品・サービスの差別性を生み出す人間の創造的活動が，企業の持続的発展を左右するようになっている．創造的活動の成果である知的資本（Intellectual Capital）は，経営資源全体に占める比重が高まっており，企業内でいかに知的資本を創造，活用していくのかが問われている．

　本章は，まず企業の経営資源と知的財産について概観した上で，技術経営における研究開発投資から産業化という一連の事業プロセスにおいて，知的財産マネジメントが果たすべき役割について論じる．

第9章　知的財産マネジメントと技術経営

1. はじめに

　技術経営（MOT：Management of Technology）とは，技術をベースとして事業を行う研究開発型企業が，組織の持続的発展のために，自社の技術を余すところなく事業成果に結びつけ，企業価値を創造することである．この技術経営を実践していくために欠かせない要素が，知的財産（intellectual property）である．

　知的財産とは何か．知的財産基本法（平成14年法律第122号）第2条によると，「発明，考案，植物の新品種，意匠，著作物その他の人間の創造的活動により生み出されるもの（発見または解明がされた自然の法則または現象であって，産業上の利用可能性があるものを含む），商標，商号その他事業活動に用いられる商品または役務を表示するものおよび営業秘密その他の事業活動に有用な技術上または営業上の情報」と定義されている．要約すると，(1) 人間の創造的活動により生み出されるもので，(2) 事業活動に有用な技術上または営業上の情報ということになる．

　世界的な企業間競争が激化する中で，差別性のある製品・サービスを絶え間なく生み出す人間の創造的活動が，研究開発型企業において生き残りのカギとなっている．製品・サービスの差別性を考え出す創造的活動，さらには，その成果である知的財産を重視した技術経営の実践が不可欠である．

2. 企業の経営資源と知的財産

　企業の経営資源というと，工場，本社ビル，資金など"目にみえる"資産がまず思い浮かぶ．しかし，近年，こうした"目にみえる"資産よりも，"目にみえない"資産である無形資産（intangibles）が，企業の価値を大きく左右するようになっている．

　無形資産とは，物理的形態または金融商品としての形態（株券または債券

を有しない将来のベネフィットに対する請求権であり，無形資産，知的資本 (intellectual capital)，知識資産 (knowledge assets) という用語は，相互互換的に使用されている (Lev, B., 2001：5)．本章では，物理的形態または金融商品としての形態を有しない将来のベネフィットに対する請求権について，「知的資本」という用語で統一する．

知的財産は，図表９−１のとおり，この知的資本の主要な構成要素のひとつである．サリバン (Sullivan, P. H., 2000) の分類によると，知的資本は人的資本や知的資産などで構成され，人的資本とは，経営陣と従業員による暗黙の知識，すなわち，経験，ノウハウ，スキル，創造する力など，知的資産とは，プログラム，発明，プロセス，データベース，方法論，文書，図面，デザインなどとされる．さらに，知的財産は，知的資産の内，特許権，著作権，商標権，企業秘密など法律で保護されたものとされる．法律で保護されたものについては，知的財産権ということも多いが，本章では，サリバン (2000) に従い，「知的財産」という用語で統一する．

企業の経営資源として注目されている知的資本（無形資産）だが，有形資産

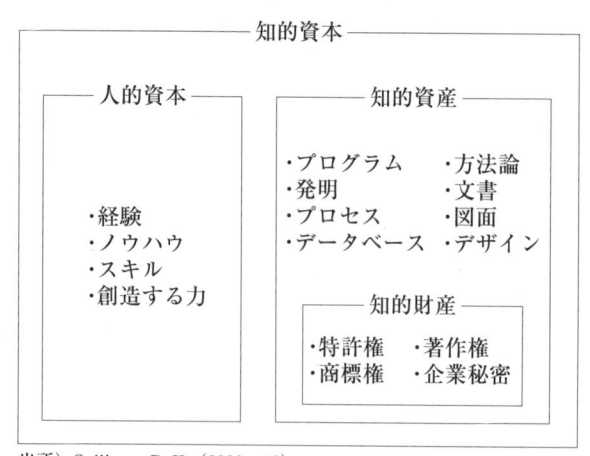

図表９−１　知的資本とその主な構成要素

```
┌──────────── 知的資本 ────────────┐
│ ┌── 人的資本 ──┐  ┌──── 知的資産 ────┐ │
│ │              │  │ ・プログラム ・方法論 │ │
│ │ ・経験       │  │ ・発明       ・文書   │ │
│ │ ・ノウハウ   │  │ ・プロセス   ・図面   │ │
│ │ ・スキル     │  │ ・データベース ・デザイン │ │
│ │ ・創造する力 │  │                        │ │
│ │              │  │ ┌── 知的財産 ──┐    │ │
│ │              │  │ │ ・特許権 ・著作権 │    │ │
│ │              │  │ │ ・商標権 ・企業秘密 │  │ │
│ │              │  │ └──────────────┘    │ │
│ └──────────────┘  └────────────────────┘ │
└──────────────────────────────────────────┘
```

出所）Sullivan, P. H.（2000：18）

に匹敵，企業によってはそれを上回る価値があるとの推計がある．経済産業省は，株式時価総額と負債との合計額を企業の市場価値とし，この市場価値から有形資産を差し引いて，知的資本の価値を推計する方法で，東京証券取引所上場企業の知的資本の割合を推計している．

それによると，2003年3月期における知的資本の市場価値総額に占める割合は，37.8%という結果となった（経済産業省，2004：61）．株式市場が低迷している2003年3月期においてさえ，知的資本は，企業の全経営資源の40%近くを占めていることになる．また，有形資産と比較して株式時価総額が高いマイクロソフトなどのIT関連企業などにおいては，知的資本が全体の90%を超えるところもある．

知的資本（無形資産）について，レブ（2001）は，グローバリゼーション，規制緩和，技術革新によって引き起こされる企業間競争に勝ち抜くカギであるとして，その重要性を指摘している（図表9－2）．激化する企業間競争の中，企業は，イノベーション，社外化，情報技術の積極的活用など抜本的な変革が求められており，こうした競争力の源泉として，大きく3つの「知的資本とそ

図表9－2　知的資本が注目される背景

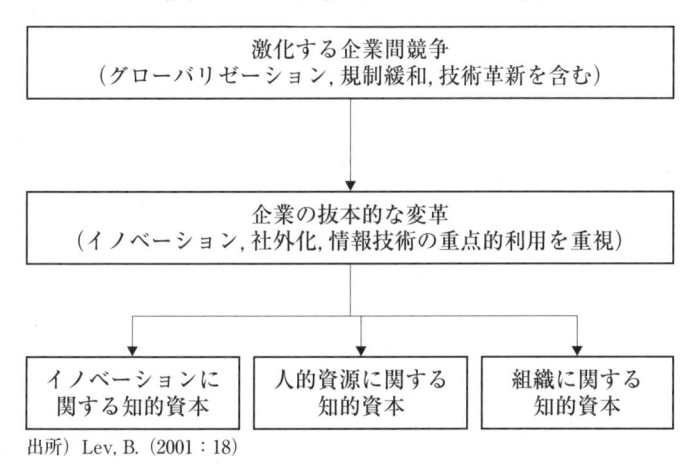

```
┌─────────────────────────────────────┐
│         激化する企業間競争              │
│ （グローバリゼーション，規制緩和，技術革新を含む）│
└─────────────────────────────────────┘
                  ↓
┌─────────────────────────────────────┐
│         企業の抜本的な変革              │
│ （イノベーション，社外化，情報技術の重点的利用を重視）│
└─────────────────────────────────────┘
        ↓            ↓            ↓
┌──────────┐ ┌──────────┐ ┌──────────┐
│イノベーションに│ │人的資源に関する│ │組織に関する│
│ 関する知的資本 │ │  知的資本   │ │  知的資本  │
└──────────┘ └──────────┘ └──────────┘
```

出所）Lev, B.（2001：18）

の創造プロセス」をあげている．

第1に，研究開発投資とその結果生み出された成果物が法的に保護された形態である特許権・営業秘密・著作権など技術革新によって生み出される「イノベーションに関する知的資本とその創造プロセス」，第2に，ブランド・組織構造などプロセス・資金調達・顧客開拓といったネットワークなど組織形態によって生み出される「組織に関する知的資本とその創造プロセス」，最後に，経営陣，従業員などの人的資源によって生み出される戦略・スキル・オペレーションスキル・能力・意欲など「人的資源に関する知的資本とその創造プロセス」である．

これらの知的資本とその創造プロセスは，それぞれ技術経営の実践において重視すべき経営課題であるが，本章では，これら3つの内「イノベーションに関する知的資本とその創造プロセス」，すなわち知的財産と知的財産創造プロセスに焦点をあて論じる．

3. 研究開発投資効率の低下した90年代の日本企業

知的財産が脚光を浴びている原因のひとつは，日本企業の研究開発投資効率低下への懸念がある．図表9-3は，OECD主要諸国における民間企業の研究開発投資効率を比較したものである．横軸は，民間研究開発投資の対売上高比率の変化を，縦軸は，多要素生産性（MFP）の変化を示している．MFP（Multi Factor Productivity）とは，経済成長の要因を「資本要因」「労働要因」「その他の要因」に分けた際の「その他の要因」のことで，経営慣行や組織の再編，財やサービスの生産効率の改善に影響を受けるとされ，イノベーションを示す指標ともいわれる．

80年代から90年代にかけて，日本は，売上高に占める研究開発投資比率を伸ばしたにもかかわらず，経済成長における技術進歩等の貢献度が低下している．OECD諸国をみると，北欧諸国のフィンランド，スウェーデンは，売上高に占める研究開発投資比率，経済成長における技術進歩等の貢献度共に大

図表9－3　民間研究開発投資と経済成長（80年代に対する90年代の比較）

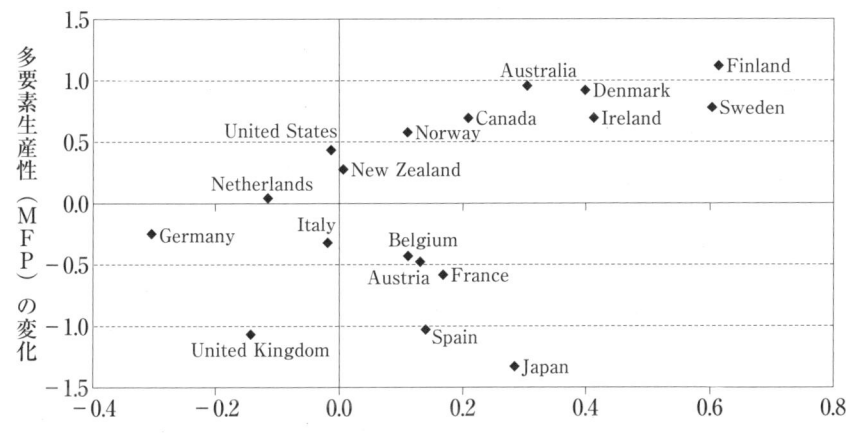

```
多                 1.5
要
素                 1.0                            ◆Australia         ◆Finland
生                                                     ◆Denmark
産                 0.5                                    ◆Ireland   ◆Sweden
性                      United States  ◆Norway  ◆Canada
（                 0.0  Netherlands     ◆New Zealand
M                      ◆
F                −0.5 ◆Germany  Italy  Belgium
P                                       ◆
）                                    Austria◆France
の                −1.0
変                    ◆                        ◆Spain
化                      United Kingdom            ◆Japan
                  −1.5
                     −0.4   −0.2   0.0   0.2   0.4   0.6   0.8
                         民間研究開発投資の対売上高比率の変化
```

出所）OECD（2001：54）

きく増加，アメリカ，ニュージーランドは，売上高に占める研究開発投資比率はほとんど変わらないものの，経済成長における技術進歩等の貢献度は若干増加．ドイツは，売上高に占める研究開発投資比率，経済成長における技術進歩等の貢献度共に低下させている．

ドイツ，英国のように，売上高に占める研究開発投資比率が下がっていれば，経済成長における技術進歩等の貢献度が下がっても止むを得ない．しかし，日本は，多額の研究開発費をかけながら，最終的な価値創造に結びついていないのである．

4. 技術経営における知的財産の役割

技術経営において，知的財産マネジメントの果たすべき役割はいかなるものであろうか．知的財産については，"創造""保護""活用"の知的財産サイクルの好循環を形成することの重要性が指摘されている（知的財産戦略本部，2005：3）．また，知的財産を経営にどのように活用するかについて，岡田

(2003) は知的財産を企業戦略ないし研究開発力の枠内でとらえ，イノベーション能力を組織に埋め込み高める知識経営実践の重要性を指摘している（岡田, 2003：26）．

　技術経営の事業段階と"創造""保護""活用"の知的財産サイクルの関係を示したものが，図表9－4である．技術経営の一般的な事業段階は，研究投資に始まり，基礎研究，製品開発，事業化の各段階を経て，最終的には，一定規模の新たな市場を形成する産業化をめざす．

　産業化までの段階についてはさまざまな分類が可能であるが，本章では，研究開発段階と事業化段階の2つに分けて考える．研究開発段階とは，基礎研究およびその成果をもとに，製品に作り込む段階で，知的財産の権利化前を基礎研究段階，権利化後を製品開発段階に分けることができる．また，事業化段階とは，製品を製造し，マーケティング，販売を行い，一定規模の新たな市場を形成するまでの段階である．知的財産サイクルにおける"創造""保護"は研究開発段階における基礎研究段階，"活用"は研究開発段階の製品開発段階以降，事業化段階となる．

　図表9－4で示したように，2つの段階においては，それぞれ一連の主業務がある．研究開発段階においては，研究シーズ発掘や新技術開発，試作品開発から最終的な製品開発，事業化段階においては，製造，マーケティング，販売，市場形成などである．一方，こうした主業務を側面からサポートする支援業務として，インフラ整備や人事マネジメント，知的財産マネジメントなどがある．

　図表9－4を俯瞰すると，知的財産マネジメントが知的財産部門においてのみ完結される業務ではなく，技術経営の各事業段階において，主業務と密接に連携を図る必要があることがわかる．知的財産マネジメントは，知的財産の"創造""保護""活用"という孤立サイクルの循環だけ，すなわち知的財産部門内の部分最適を目指すだけではなく，最終的な産業化に向けて，技術経営戦略と離齬がないよう，企業としての全体最適を目指す必要がある．

　では，知的財産マネジメントは技術経営の各事業段階において，いかなる役

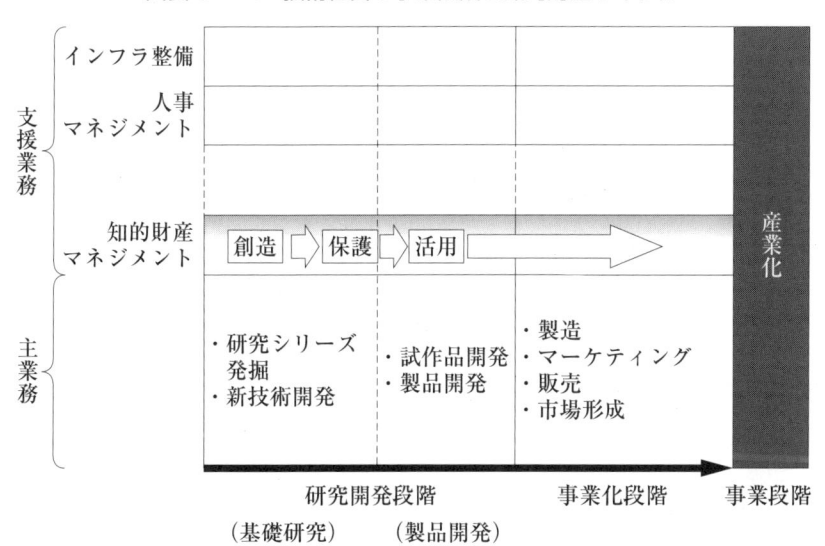

図表９−４　技術経営の事業段階と知的財産サイクル

		研究開発段階		事業化段階	事業段階
支援業務	インフラ整備				
	人事マネジメント				
	知的財産マネジメント	創造 ⇒ 保護 ⇒	活用 ⇒		産業化
主業務		・研究シリーズ発掘 ・新技術開発	・試作品開発 ・製品開発	・製造 ・マーケティング ・販売 ・市場形成	
		(基礎研究)	(製品開発)		

割を果たすべきか．さまざまな役割があろうが，本章では，研究開発段階における"研究開発効率向上"と事業化段階における"権利化による市場コントロール"という２つの役割について取り上げる．

5. 研究開発効率向上

　研究開発段階において知的財産マネジメントが果たしうる役割のひとつとして，"研究開発効率向上"があろう．具体的には，(1) 権利侵害による損害賠償請求等のリスク回避や，(2) 自社の強み・弱み分析，(3) 最終市場ニーズ分析等をあげることができる．

　まず，研究開発段階における知的財産マネジメントを概観する．研究開発段階において，知的財産部門は，知的財産の"保護""活用"方法を検討する．図表９−５のとおり，知的財産は，まず，権利化すべきかどうかを判断する必要がある．これは，知的財産を活用した製品が市場に出回ることによって，その技術の内容がどの程度，競合に知られてしまうのかの判断による．営業秘密

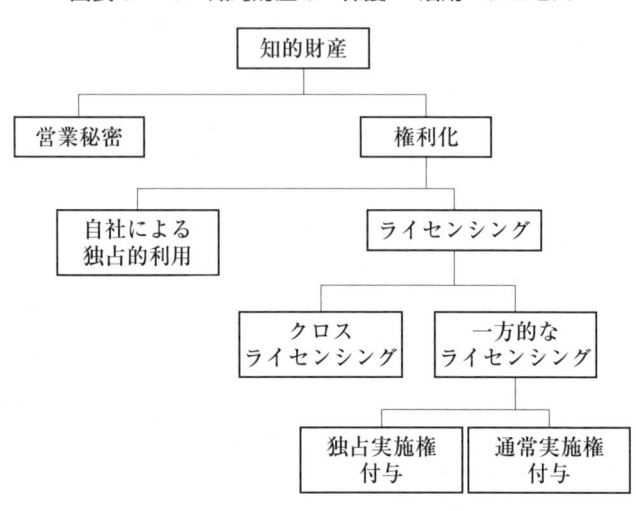

図表9-5 知的財産の"保護""活用"プロセス

```
                    知的財産
                   /        \
              営業秘密        権利化
                         /          \
                  自社による        ライセンシング
                  独占的利用         /         \
                              クロス         一方的な
                           ライセンシング   ライセンシング
                                          /        \
                                    独占実施権    通常実施権
                                      付与         付与
```

として社内で管理することも可能で,すべてを権利化する必要はない.また,権利化後は自社による独占的利用にするのか,ライセンシングにするのか,またライセンシングについては,一方的ライセンシングか,クロスライセンシングかという選択肢がある.

　知的財産マネジメントは,どの知的財産をもとに製品化し,どの知的財産をライセンシングするのかなど技術経営全体の戦略的方針決定に不可欠な情報を提供する.数ある知的財産から,自社による独占的利用に資する知的財産を選び出すに際して,知的財産部門は重要な情報提供者となる.このため,知的財産部門は,全世界の知的財産・技術動向を徹底的に調査し,自社や競合の知的財産・技術動向を検討する.その上で,自社の強み・弱み,最終市場ニーズやリスク要因を分析する.ただ,こうした情報が技術経営の意思決定において活かされるためには,知的財産部門は経営トップと近い立場にいる必要がある.

　知的財産・技術動向調査は,まず,さまざまなリスク回避に貢献する.たとえば,「自社で多額の資金を投入して獲得した基礎研究の成果が,他社によってすでに知的財産として権利化されている」といった無駄な基礎研究投資を行

うリスクの回避や,「開発した製品が他社の知的財産を侵害していることを知らずに販売し,後から損害賠償請求される」といった損害賠償リスクを回避することにつながる.

　次に,知的財産・技術動向調査は,自社と競合の知的財産・技術動向から,自社の強みと弱みを認識できる.知的財産・技術面で自社の弱い領域については,将来の収益性も低いと考えられ,研究開発投資を抑制する.また,自社の強い領域において,知的財産・技術動向を見きわめながら逆に研究開発を強化するなど,研究開発案件の"選択と集中"が可能となる.大手精密機器メーカー・キヤノンなど知的財産に力を入れている企業においては,特定の分野において知的財産の権利化を集中させ,他を凌駕する優位性を確立し(経済産業省,2003:20),研究開発効率向上を実現している.

　最後に,知的財産・技術動向調査によって,自社が目指すべき最終製品市場ニーズを分析することができる.最終市場ニーズに基づき強化すべき研究開発分野を新たに設定し,重点的な研究開発を行うことが可能である.こうした点において,知的財産・技術動向は,最終製品市場ニーズを映し出すいわば代理変数と考えることができる.

　最終市場ニーズを明確化・共有化した上での研究開発は,技術経営の重要な要素である.図表9-6は,知的財産をベースとした事業を行う研究開発型中小・ベンチャー企業を対象として,事業化段階ごとの経営状況と主要な技術経営の取り組みとの相関を示したものである.技術経営の取り組みについては,市場ニーズを文章やチャートなどで明確に示し,社内で共有化する「市場ニーズの明確化および社内共有」「知的財産重視」「トップダウン経営」「事業化までの指針となる独自のロードマップ作成」「スピード重視経営」の5つ,また,事業化段階については,各段階の経営状況についてのそれぞれの企業の評価である.

　基礎研究,製品開発が順調な企業は,「市場ニーズの明確化および共有化」に向けた取り組みに力を入れていることが,図表9-6からわかる.知的財

図表９－６　事業段階の経営状況と主要な技術経営の相関

	研究開発段階		事業化段階
	基礎研究	製品開発	
市場ニーズ 明確化・共有化	0.364**	0.291*	0.237
知財重視レベル	0.221	0.04	0.137
トップダウン経営	0.249	0.379**	0.027
ロードマップ	0.175	0.12	0.247
スピード経営	0.256	0.156	－ 0.006

備考）***1％水準で有意（両側），**5％水準で有意（両側），*10％水準で有意（両側）N＝47
出所）桐畑哲也（2005：30）を一部省略，加筆して再作成．

産・技術動向は，最終市場ニーズを分析するための貴重な情報ソースであり，有効に活用することで，研究開発投資効率性向上，最終的な企業価値増大に寄与する．

6. 権利化による市場コントロール

　事業化段階において知的財産マネジメントが果たしうる大きな役割のひとつとして，権利化による市場コントロールがあろう．知的財産による独占排他権は，有力な武器である．この武器を使って自社の市場シェアを維持し，他社による技術の模倣・盗用などを管理することができる．事業化段階は，出来上がった製品を製造，販売し，一定規模の新たな市場を形成するまでの段階であるが，ここでは，主業務のひとつである技術マーケティングにおける知的財産マネジメントの役割について論じる．

　まず，技術マーケティングの特徴を概観する．ロジャース（Rogers, E.M., 1962）は，新しい製品の普及過程を社会的な視点から分析し，イノベーションの普及モデルを論じている．導入から普及までの過程が，新技術に基づく製品を求める革新者（innovators），新製品がもつ利点を積極的に理解し採用する初期採用者（early adopter），価格と品質のバランスを重視する前期多数派（early majority），皆が使用することで安心して採用する後期多数派（later majority），そして保守的停滞者（laggards）の５つに分けている．

図表9－7　イノベーションの採用時期に基づく採用者のカテゴリー化

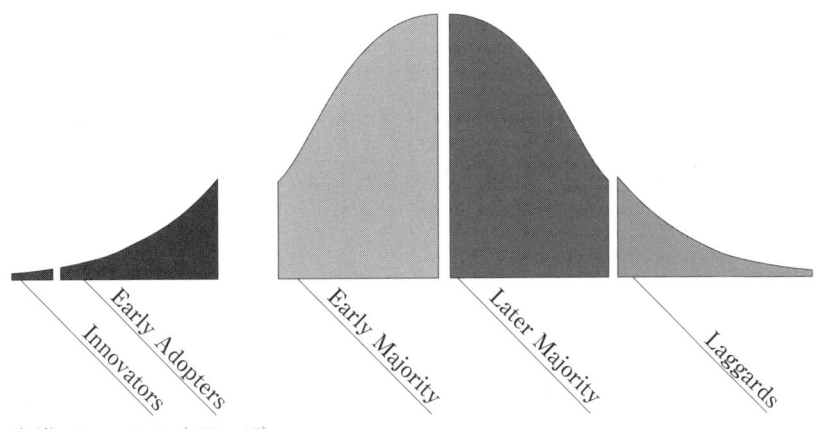

出所）Moore, G. A.（1991：17）

　ムーア（Moore, G. A., 1991）は，この内，初期採用者と前期多数派の間には大きな溝があり，この溝をキャズム（chasm）とよぶとともに，キャズムに陥らないためには製品中心の価値観の転換が必要であると指摘している（図表9－7）．

　ムーア（Moore, 1991）は，キャズムを越えることができなかった失敗事例として，1980年代における人工知能技術を例に挙げている．人工知能技術は，初期採用者に強力に支持されたにもかかわらず，前期多数派の支持を得ることができなかった．その背景には，人工知能技術を稼動させるためのハードウェアに対するサポートの不足，既存のシステムにインテグレートさせるためのスキルの欠如，確立されたデザイン方法論の欠如などがあるとされ，製品中心の価値観の転換が課題であったと指摘する．

　技術マーケティングの一般的流れは，まず比較的新たなものを受け入れる革新者，初期採用者にアプローチし，これらのセグメントの一定の評価を得ながら，前期多数派，後期多数派への浸透を図るというものである．

　しかし，革新者，初期採用者への普及において，知的財産の権利化が寄与することはほとんどない．革新者，初期採用者は，技術それ自体に興味と関心が

あり，知的財産が権利化されている製品という理由で購入するわけではない．

　知的財産の権利化が，技術マーケティングにおいて力を発揮するのは，前期多数派以降，すなわち一定程度の市場規模が見込める段階以降である．知的財産によって，競合の市場参入を阻むことができれば，市場シェアの確保という点で武器となる．また，競争の激化による価格の下落を未然に防ぐこともでき，知的財産は価格のコントロールの役割も果たす．

　しかし，ムーア（1991）が初期採用者と前期多数派の間の溝をキャズムとよび，製品中心の価値観の転換を指摘するように，前期多数派への浸透のためには，製品の技術力という要素だけではなく，さまざまなサポート，関連製品の充実などが求められる．また，市場シェアの一部を譲ることになる他社へのライセンシングなど，まず市場自体の拡大を優先することを検討する必要もある．いくら知的財産を権利化していても，市場の広がりがなければ，そもそも参入障壁を構築する意味がない．"市場の育成"か"権利化による市場コントロール"なのか，戦略的な意思決定が必要である．

　知的財産による市場の独占を重視するのか，他者にライセンシングを行い，市場自体の育成・拡大を優先し，最終的に自社の利益最大化を目指すのか．知的財産マネジメントは，技術経営戦略に組み込み，企業として全体最適を目指す必要がある．

　研究開発投資を確実に企業価値に結びつけていくためには，知的財産およびその創造プロセスを意識した技術経営が求められる．本章では，知的財産マネジメントを技術経営戦略に組み込み，有効に機能させることの重要性を指摘するとともに，技術経営において知的財産マネジメントが果たすべき役割として，研究開発段階における"研究開発効率向上"と事業化段階における"権利化による市場コントロール"を論じた．

　知的財産マネジメントは，きわめて専門的かつ多岐にわたっているために，しばしば細部にとらわれがちである．しかし，知的財産部門にあっては，自社

の技術経営の戦略的方向性を掌握した上で，経営トップへの情報提供はもちろん，各事業段階の主業務部門と継続的，かつ密接な連携が求められる．一方，企業の経営トップは，知的財産マネジメントを単なる支援業務ととらえず，技術経営の遂行において知的財産の観点を積極的に取り込み，有効に機能させていくことが必要である．

　知的財産部門と経営トップがより近い存在であることはもちろん，知的財産部門と研究開発，マーケティングなどの各部門が垣根を越えて，密接な関係を築けるような組織整備が求められる．知的財産を新たな突破口に，自社の技術経営を抜本的に見直し再構築することは，企業価値増大に向けた有効な手法のひとつであろう．

演・習・問・題

問1　知的財産とは何か．「知的資本」「知的資産」の2つの用語を使用して説明しなさい．
問2　技術経営において，知的財産が果たしうる役割について論じなさい．

参考文献

Branscomb, L. M. eds. (2000) *Managing Technical Risk : Understanding Private Sector Decision Making on Early Stage, Technology-Based Projects*, Advanced Technology Program National Institute for Standard and Technology, US Department of Commerce.

Branscomb, L. M. and P. E. Auerswald (2001) *Taking Technical Risks : How Innovators, Executives, and Investors Manage High-Tech Risks*, Cambridge, Mass : MIT Press.

Day G. S., Paul, J. H. Schoemaker and R. E. Gunther (2000) *Wharton on Managing Emerging Technologies*, New York John Wiley & Sons, Inc.

Dertouzos, M. L., Richard K. L. and R. M. Solow (1989) *Made in America : Regaining the Productive Edge*, The MIT Press.

Edvinsson, L. and M. S. Malone (1997) *Intellectual Capital : Realizing Your*

Company's True Value by Finding its Hidden Roots, New York： HarperBusiness.（高橋透訳『インテレクチュアル・キャピタル』日本能率協会戦略センター，1999年）

Lev, B.（2001）Intangibles：Management, Measurement and Reporting, Washington, D. C.：Brookings Institution Press.（桜井久勝監訳『ブランドの経営と会計：インタンジブルズ』東洋経済新報社，2002年）

Moore, G. A.（1991）Crossing the Chasm：Marketing and Selling High-Tech Products to Mainstream Customers, New York：Harper Business.

OECD（2001）Science, Technology and Industry Outlook, OECD Publication Service.

OECD（2002）Science, Technology and Industry Scoreboard, OECD Publication Service.

Rogers, E. M.（1962）Diffusion of Innovations, New York：Free Press.

Sullivan, P. H.（2000）Value-driven Intellectual Capital：How to Convert Intangible Corporate Assets into Market Value, New York：John Wiley & Sons, Inc.（水谷孝三ほか訳（2002）『知的経営の真髄』東洋経済新報社，2002年）．

Utterback, J. M.（1994）Mastering the Dynamics of Innovation, Boston, Mass：Harvard Business School Press.

知的財産基本法（http://www.kantei.go.jp/jp/singi/titeki2/hourei/kihon.pdf）

知的財産戦略会議（2002）「知的財産戦略大綱」

知的財産戦略本部（2005）「知的財産推進計画2005」

経済産業省（2003）「米国特許分類別特許登録件数97～01年合計」

経済産業省（2004）『通商白書』

桐畑哲也（2004）「ナノテクノロジー事業化とデスバレー現象」『JAPAN VENTURES REVIEW』No. 5，日本ベンチャー学会，pp. 73-80．

桐畑哲也（2003）「大学発ベンチャーとベンチャーキャピタル―求められるベンチャーキャピタリストの投資先育成能力―」『三菱総合研究所所報』No. 42，三菱総合研究所，pp. 58-78．

桐畑哲也（2005）「新技術ベンチャーにおけるデスバレー現象」『JAPAN VENTURES REVIEW』No. 6，日本ベンチャー学会，pp. 25-34

桐畑哲也編著（2005）『ナノテク革命を勝ち抜く』講談社

岡田依里（2003）『知財戦略経営』日本経済新聞社

《推薦図書》

1. Lev, B. (2001) *Intangibles : Management, Measurement and Reporting,* Washington, D.C., Brookings Institution Press. (桜井久勝監訳『ブランドの経営と会計：インタンジブルズ』東洋経済新報社, 2002 年)
   米国ブルッキングス研究所がニューヨーク大学のバルーク・レブ教授に研究委託した成果．無形資産（知的資本）を概観，分析．

2. Sullivan, P. H. (2000) *Value-driven Intellectual Capital : How to Convert Intangible Corporate Assets into Market Value,* New York : John Wiley & Sons, Inc. (水谷孝三他訳『知的経営の真髄』東洋経済新報社, 2002 年)
   知的資産を企業価値に結びつけるフレームワークと方法論を中心に論じる．

3. Edvinsson, L. and M. S. Malone (1997) *Intellectual Capital : Realizing Your Company's True Value by Finding its Hidden Roots,* New York : HarperBusiness. (高橋透訳『インテレクチュアル・キャピタル』日本能率協会戦略センター, 1999 年)
   スウェーデンの保険サービスグループ「スカンディア社」の事例をもとに，知的資本を論じる．

4. 岡田依里 (2003)『知財戦略経営』日本経済新聞社．
   組織能力までを含めた広義の知的財産を論じ，その価値の指標化を試みる．

第10章の要約

本章では，特許権とその具体的マネジメントに焦点を当てる．

まず特許権は知的財産権の一部であり，その内実を明らかにしよう．その上で特許の経済的価値の評価方法を検討する．

特許の具体的マネジメントにおいては，特許情報の調査，そして特許の権利化（出願・保護）そして活用のサイクルが重要となる．そこで具体的に特許調査の手順や方法，特許権利化の範囲やタイミングについて考察することにしたい．

第10章 特許権とそのマネジメント

1. 知的財産権と特許権

(1) 独占禁止法と特許法

図表10-1(独占禁止法と特許法等の関係)により,特許法の位置づけを明かにしよう.

資本主義である日本の市場経済社会においては,競争が原則である.すなわち誰もが自由に競争し,より良いものをより安く作ることによって,利益を獲得し,個人生活の向上,社会の発展がもたらされている.そこでは,経済憲法としての独占禁止法(正式には,私的独占の禁止および公正取引の確保に関する法律)が適用される.

図表10-1　独占禁止法と特許法等の関係

独占禁止法

知的財産権法
(特許法等)

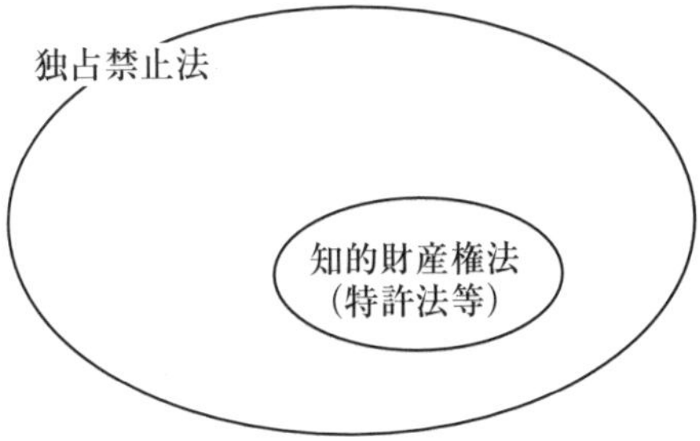

独占禁止法においては,競争を阻害するものは,原則として排除される.つまり,自由競争においては,基本的に,他人の真似も自由に認められる.他人のより良いものを自分のものに取り入れていくことは何ら問題がない.しかし,もし,独占禁止法しかなく,他人のものが自由に誰でも真似ができるとしたら,多くの苦労・努力をして,新しいものを考えだしても,それが簡単に真似をされてしまい,その人的,経済的努力は無に帰してしまう.そうなれば,誰も新しいものを考えださなくなり,社会の発展は,おぼつかなくなろう.

そこで,独占禁止法の例外的な形で,特許法を代表とする知的財産権法が作

られている.

ところで,そうすると知的財産権法は強ければ強いほど良いのだろうか.もし,特許があまりに強化されると,新しいことを行っても,他人の特許により巨額の損害賠償金等が取られ,それが脅威となり,創造活動に挑戦する意欲を低下させることになる.

つまり,独占禁止法と知的財産権法はお互いバランスを取りながら,そのときの社会情勢にもっとも適した状態で,存在することが求められる.

(2) 知的財産権

知的財産基本法に規定する知的財産と知的財産権を図表10－2に示す.知的財産は,広く人間の創造的活動により生み出されるすべてのものをいう.知的財産権は,知的所有権,無体財産権ともいう.特許庁が所轄する特許権,実用新案権,意匠権,商標権を産業財産権(従来は,工業所有権とよんでいた.)

図表10－2　知的財産基本法に規定する知的財産と知的財産権

知的財産	知的財産権
発明	特許権
考案	実用新案権
植物の新品種	育成者権
意匠	意匠権
著作物	著作権
その他の人間の創造的活動により生み出されるもの(発見又は解明された自然の法則又は現象であって,産業上の利用可能性があるものを含む.)	
商標	商標権
商号	
その他の事業活動に用いられる商品又は役務を表示するもの	
営業秘密	
その他の事業活動に有用な技術上又は営業上の情報をいう.	
	その他の知的財産権に関して法令により定められた権利又は法律上保護される利益に係る権利

という．

　図表10－3は知的財産権の具体例を示している．製品開発において，知的財産権で何が問題になるかは，上から順にチェックをしていけば，漏れなく検討できよう．

　これで，特許権を規定する特許法が，独占禁止法の穴抜きをするものであり，知的財産権法のひとつであるということが理解できよう．

図表10－3　知的財産権の具体例

知的財産権		保護するもの	例
産業財産権 （特許庁に申請して権利を得るもの）	特許権	発明＝技術的思想の創作（アイデア）	光ファイバー　超伝導
	実用新案権	物品の形状，構造等に係る考案（小発明）	おもちゃ　ゲーム
	意匠権	物品の形状，模様，色彩等の意匠（デザイン）	衣服　自動車
	商標権	商品，サービスに付する商標（トレードマーク）	たまごっち　JAL
その他の知的財産権	著作権	思想又は感情を創作的に表現したもので，文芸，学術，美術または音楽の範囲に属するもの	小説　音楽　絵画 コンピュータプログラム
	回路配置利用権	半導体集積回路のマスクパターン	マイクロプロセッサ
	品種登録	農業，林業，水産などで栽培される新品種	とよのか苺
	不正競争防止	周知な商品等表示，商品形態 営業秘密（ノウハウ）	ルービックキュービック コカコーラの製法
	商号	企業の会社の名称	トヨタ　東京ガス
	肖像権	人物の肖像，写真	個人の写真
	キャラクター	マンガや小説の主人公	セーラームーン ちびまる子ちゃん
	パブリシティ	広告等によって財産価値の出たもの	東京ドーム えりまきとかげ

2. 特許の経済的価値の評価

(1) 経済的価値の評価

　特許権は，技術や事業を独占するために法的に取得されるものである．よって，特許権を評価するということは，技術や事業を評価することとほぼ同義語に用いられる．

　現状では，技術や事業を評価する種類として図表10－4のものがあげられる．それぞれ，評価目的により評価対象が異なり，その手法も当然異なったものとなってくる．

　また，このようなさまざまな評価目的・対象によって評価基準も多様であるが，経済的価値の評価が最も重視されている．その経済的価値を評価するには，次の3通りの方法を用いるのが一般的である．

① 原価法（財産の取得に，どれだけかかったかを積み上げる）
② 比較法（他の似た財産が，どれだけの価格をしているかを比較する）
③ 収益法（財産が，どれだけの収益をあげるのかを計算して積み上げる）

　不動産を例にとれば，その不動産を取得するのにどれだけかかるか（原価法），同条件の不動産がどれだけの値段で売買されているか（比較法），不動産を貸し付けたとき，どれだけの収入があるか（収益法）等を考慮して，経済的価値を評価するのである．

　知的財産の場合はどうなるだろうか．原価法によれば，特許の原価は特許取

図表10－4　技術・事業評価の種類

評価目的	評価対象
1. 研究	テーマ
2. 特許出願等	発明
3. 事業化	技術・特許
4. 投資・融資	事業
5. M&A	事業
6. 特許担保融資	特許（事業）
7. 技術移転	特許（事業）

得費用であり，数十万円のものである．バランスシートの中には，この値が記入されることもあるが，この値で知的財産権が売買されるわけではなく，知的財産権の価値が，この値で決まるわけでもない．

比較法を採ろうとしても，同一条件のものを一般的には見つけることができないので，難しい．今後，売買例が増えて，類似のものが多数，データベースとして蓄積されれば，利用することもできるが，当面はそれも期待できない．そうなると特許の場合は収益法を採るしかないのである．そこで以下では収益法による経済的価値の評価を具体的に考察しよう．

(2) 特許の収益法による評価

特許の経済的価値の評価には，まず図表10-5の(1)にあるように，事業全体の売上から，材料費，人件費等の全ての経費を差し引き．利益を明らかにする．分野によって異なるが，通常，利益率は10%程度であるとみることができよう．

図表10-5 特許の経済的価値

(1) 利益

売 上	
経 費	利 益

(2) 特許の貢献利益

売 上		
経 費	利 益	
	特許以外の貢献度	特許の貢献度

(3) 従業員等の貢献利益

売 上			
経 費	利 益		
		特許の貢献度	
	特許以外の貢献度	使用者等の貢献度	従業者等の貢献度

つぎに，図表 (2) にあるように，利益の中で，特許の貢献度を考える．利益全体は特許のみならず，資本，営業等他の貢献があることはいうまでもない．そこで，1/3 法（資本，営業，特許）あるいは，1/4 法（資本，営業，労働，特許）を採ったりする．ここで，それぞれの要素の貢献を検討する．仮に利益率を 10% に採ると，特許の貢献度が 30% だとすると，売上全体の 3% となる．特許の貢献度が 50% だとすると，売上全体の 5% となる．通常，業界慣行実施料が販売価格 × 3 ～ 5% が多いのは，この理由による．

さらに図表 (3) にあるように，特許の貢献度を使用者等の貢献度と従業員等の貢献度に分け，従業員等の分を区分する．

従業員が行った職務発明について，通常は，社内に職務発明規定があり，従業員は，企業に特許を受ける権利を譲渡し，その代わりに，補償金を受け取ることが多い．その際，従業員は，会社からどの程度，補償金を受け取ることができるだろうか．

出願，登録の際に出願補償金，登録補償金を一時金として受け取る．通常，数千円から数万円程度であることが多い．そして，企業が利益を得た場合には，実績補償金を受け取る．職務発明規定では，数 % であることが多いが，判決例のいくつかは 5% 程度の裁定を示している．大学教員の場合の従業員等の貢献度は 30 ～ 40% であって，企業におけるそれの 10 倍程度であることが多い．この違いはどこから来るのであろうか．企業の場合は，複数の研究テーマを行い，多くは事業に発展しないが，そのうちのいくつかが事業化に成功し利益を上げ，他の失敗テーマにつぎ込んだ資金を回収することになる．したがって，成功したテーマの貢献度も低く算定される．それに対し，大学の研究資金は失敗したからといって，それを差し引くことはない．成功したケースだけ大きなリターンで報い，企業よりも基礎的かつ，長期的で，すぐにリターンを回収する必要のないテーマを選択できるようにしているからである．

3. 特許サイクルと特許出願

(1) 特許サイクル

第9章で知的財産サイクルを検討したが，それを特許にあてはめたのが，図表10－6であり，「特許情報（創造）」「特許権利化（保護）」「特許活用」の特許サイクルを描くことができる．

具体的には，研究開発により新製品が完成し販売をスタートさせ，販売実績が上がってきたところで，他社から特許権を元に製造の差し止めを受けた．こうしたことは特許情報の調査の不備が原因で生じる．新製品を開発，製造する場合は，事前に必ず特許を検索しなければならない．最新の既存技術を知り，研究開発に生かすとともに，製造に当たっては，他人の権利を侵害しないようにしなければならない．

新規な技術であっても権利化をしていなかったために，大手企業にマーケットに参入され，まったく売れなくなるといった事例もみられる．それは特許権利化の知識不足によるものである．通常，新製品を開発する場合は，アイデア

図表10－6　特許サイクル

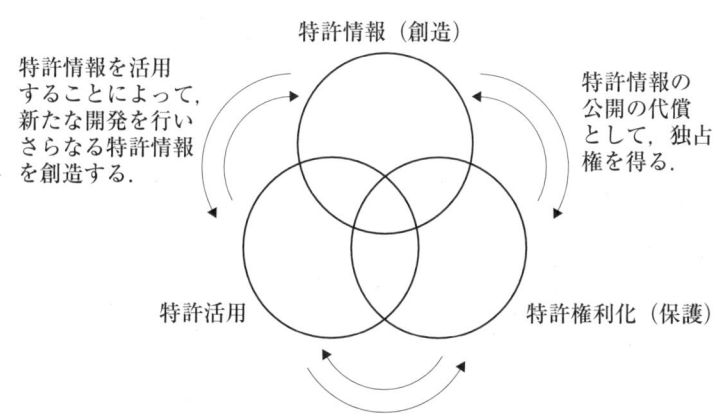

特許情報（創造）

特許情報を活用することによって，新たな開発を行いさらなる特許情報を創造する．

特許情報の公開の代償として，独占権を得る．

特許活用

特許権利化（保護）

特許は活用されて初めて意義をもつ．マーケットで特許が活用され競争を生み，他社がさらなる特許で対応する．

から試作,そして製品化の流れを取ることが多いが,それぞれのステージに応じた適切な権利保護を行わなければ,市場における優位を確保することはできない.大企業にとって当たり前のことが,中小・ベンチャー企業や個人では行われず,その影響によって事業存続の危機を招く場合も少なくない.

新製品を開発するための技術情報の利用や,使われていない特許権を有効に活用することなどが特許の活用である.近年は,特許流通,技術移転として注目を浴びてきている.

これらの3つの特許に関する重要な行動は互いに密接に結び付き,相互関係にある.つまり,発明は,特許情報として公開され,他者の重複研究や重複投資を防ぐ一方,その代償として特許権という独占権を得る.

また,特許情報は,活用されることによって,さらなる研究開発,商品化に応用され,それが新たな発明を創造し,特許情報として公開されることになる.

さらに特許権は,自社の発明,製品が他社のものを妨害していないということを証明するとともに,他社の模倣を許さず,事業化にかける保険でもある.マーケットで特許権が活用され,競争を生み,他社がさらなる特許権で対抗するための新たな特許権を創造することになる.

このように「特許情報(創造)」「特許権利化(保護)」「特許活用」は,密接に関連し,それらは新技術を創出し,さらに産業振興を図る重要な役割を担っているのである.

(2) 特許調査

1) 特許調査の進め方

具体的に,どうやって特許調査をすればよいのか.もっとも簡便に調査を行うには,特許電子図書館(IPDL)を用いるのが良い.特許電子図書館とは,特許庁が,過去の特許をインターネットで無料公開したものである.

1992年までの特許情報は,特許公開番号,特許番号等の文献番号,国際特許分類(IPC)等で調べ,内容をビューイメージでみることができる.1993年

図表10－7　特許調査の手順

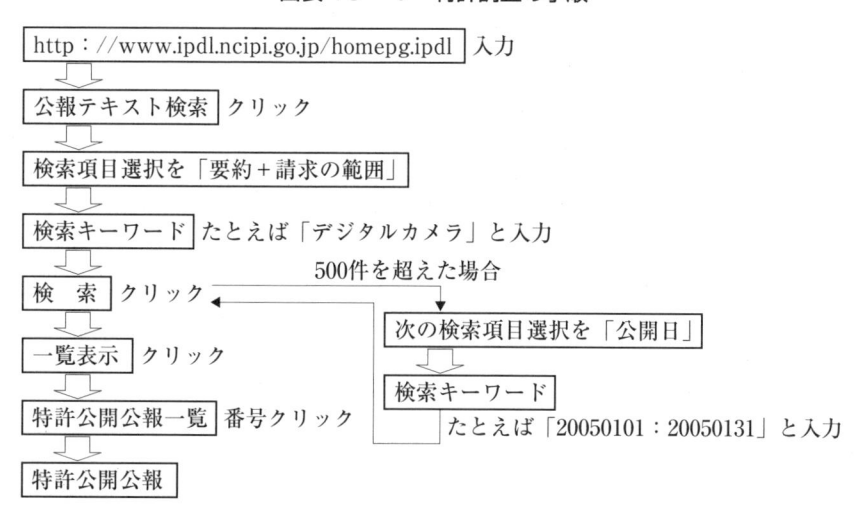

```
┌─────────────────────────────────────────┐
│ http://www.ipdl.ncipi.go.jp/homepg.ipdl │ 入力
└─────────────────────────────────────────┘
        ↓
┌──────────────────┐
│ 公報テキスト検索 │ クリック
└──────────────────┘
        ↓
┌──────────────────────────────────┐
│ 検索項目選択を「要約＋請求の範囲」│
└──────────────────────────────────┘
        ↓
┌──────────────────┐
│ 検索キーワード   │ たとえば「デジタルカメラ」と入力
└──────────────────┘
        ↓           500件を超えた場合
┌────────┐     ┌──────────────────────────────┐
│ 検　索 │ クリック ←─│ 次の検索項目選択を「公開日」│
└────────┘     └──────────────────────────────┘
        ↓              ↓
┌──────────┐    ┌──────────────────┐
│ 一覧表示 │クリック│ 検索キーワード   │
└──────────┘    └──────────────────┘
        ↓           たとえば「20050101：20050131」と入力
┌────────────────┐
│ 特許公開公報一覧│ 番号クリック
└────────────────┘
        ↓
┌──────────────┐
│ 特許公開公報 │
└──────────────┘
```

　以後のデータは，さらにフリーキーワード等で検索して，その内容をみることができる．具体的な特許調査の手順は図表10－7の通りである．

　ここで，検索キーワードは技術に関係のある用語を入力するわけだが，検索の元となる用語自身は特許出願人が選択しているので，できるだけ検索の漏れをなくすために，思いつく限りの同義語を入れることが望ましい．

　たとえば，デジタルカメラの場合は，（デジタル＋ディジタル）×（カメラ＋写真機＋写真器），というように入力するのである．

　特許電子図書館の公報テキスト検索では，500件以上になると見ることができないが，その場合は，公開日等を短く限定し，何件か公報を実際に見て，要素技術の用語にどのようなものが使われているかを調べ，その用語で絞ることができないかを検討するようにする．

　その他，特許庁の審査官が用いている以下の検索キーがあるが，これらを使いこなすためには，ある程度慣れが必要であろう．

・国際特許分類（IPC）
　　世界的に使われている特許の分類であって，日本では，すべての特許情

報にこの分類が付されている．大きくAからHの8セクションに分けられ，それがさらにサブセクション，クラス，サブクラス，メイングループ，サブグループに分類されている．

・ファイル・インデックス（FI）

単一のIPCでは，特許件数が多く集まりすぎる部分を選び，それを展開して絞り込みをしやすくしたもので，通常アルファベットで示される．

・ファイル・フォーミング・ターム（Fターム）

FI記号では，対応しきれないような一層の細分化，または別の観点からの検索が必要な場合に，マトリックス状に展開されたリストである．

こうしたツールを使っても，一度で，目的とする調査を完全に行うことは，困難であり，漏れのない特許調査を行うためには，キーワードにより出力した特許公報にふられたIPC，Fタームを確認し，さらにIPC等により出力した，特許公報に書かれたワードを入力して調査する等，何度も試行錯誤を繰り返さなければならない．

また，海外でビジネスを予定している場合は，海外特許も調査しておく必要がある．とくに，重要な特許は，ほとんどが，アメリカ，ヨーロッパに出願されており，米国特許，欧州特許も調査することが望ましい．米国特許，欧州特許調査も，インターネットにより，米国特許商標庁，欧州特許庁のホームページにおいて，無料で行うことができる．日本の特許庁からリンクしており，その調査方法は，前述したものとほぼ同様である．なお，英語で用語を入力する場合，特許電子図書館のPAJ検索には，日本特許の英文アブストラクトが掲載されているので，そこで英文キーワードを探し，検索に役立てることもできる．

2）特許調査の目的と内容

ここで，特許調査の目的と内容は大きく3つに分けることができる（図表10－8参照）．まず，もっとも重要なものが，事業遂行の障害調査である．他人の権利を侵害していれば，差し止め，損害賠償の対象になるからである．この

図表10-8 特許調査の目的

目的別調査	対象物	比較対象
① 事業遂行の障害調査	自ら行う事業	特許された特許請求の範囲（公開された特許請求の範囲）
② 独占権取得可能性の調査	自らのアイデア	公開された明細書全体
③ 新規アイデア可能性の創出調査	課題	他分野・異分野の明細書全体

場合，自ら行う事業が，特許された特許請求の範囲に含まれるかどうかの判断をする．自らが出願した特許を対象として議論することが多いが，対象はあくまでも，自らが行う事業であり，特許請求の範囲に書かれた文言を比較対象とする．特許明細書全体を検討し，アイデアが同じかどうかではなく，権利範囲に注目することが必要である．さらに，まだ出願公開段階で，登録以前の場合は，将来的に特許が成立した場合のことを考慮する必要がある．いずれにしろ，権利解釈は，専門的なので，弁理士に相談する必要がある．

第2は，独占権を取得できるかどうかの調査である．この場合は，そのアイデアが，先に公開された特許出願明細書全体に記載されているかどうかを判断する必要がある．しかし最終的には，特許庁の審査により判断が下されることになる．

第3は，新製品を開発する場合に，新規アイデアのヒント創出のために，自らもつ技術課題について，調査をする場合がある．この場合は，他分野，異分野の特許出願明細書を調べ，課題を解決するためのヒントを探すことになる．

このように調査の目的によって，対象および比較対象を明確に区別することが重要である．

図表10-9 特許抵触への対応策

他人の特許に抵触した場合の対応	具体的対応方法
① 設計変更または中止（代替技術の探索）	特許請求の範囲の回避を検討
② 障害特許を潰す	出願公開後—情報提供 特許後—無効審判請求
③ ライセンス交渉または特許購入	特許流通アドバイザーの活用等

3）特許抵触への対応

調査した結果，他人の特許に抵触することが判明した場合は，どう対応するかは大きな課題であり，大きくは3つの対応がある．

第1は，まだ生産していないか規模が小さい場合であり，相手の特許請求の範囲を回避するために，設計変更もしくは中止する．第2は，すでにかなり生産している場合であり，直ぐに中止することができないため，相手の特許の瑕疵を検討し，それを潰すことによる対応である．特許前であれば，特許庁に先行技術等について情報提供を行い，特許後であれば，特許無効審判を提訴する．回避や潰すこともできない場合は，第3の対応として特許の実施についてのライセンス交渉を行うか，特許購入についての交渉する．各県に配置されている特許流通アドバイザーを活用し，交渉をよりスムーズに行うのも一案であろう．

(3) 特許権利化と範囲

新製品に関連して他社も自社も権利化していない場合には，製品が市場で売れ出した途端に，多くの企業が市場に殺到する．とくにマーケット能力に優れた大企業が参入してくれば，市場を独占される可能性がある．そうならないためには，自己のアイデアを特許化しておくことが重要である．そして，有効な特許権を得るためには，専門家である弁理士に相談するのが，最良と思われる．

特許権利化において特許請求の範囲がとくに重要である．特許請求の範囲は，特許の範囲を確定するもので，権利の境界線を定めるものである．基本的には，特許明細書に書かれていても，特許請求の範囲の中に書かれていなければ，権利範囲は及ばないと考えて良い．その読み方は，特許請求の範囲を一字，一字読んで，自分の技術と同じかどうか判断していかなければならない．

ただし，特許請求の範囲は，そのまま読むと非常にわかりにくい．それは，特許請求の範囲はひとつの文章ではなく，全体がひとつの名詞になっているからである．ときには，数ページに及ぶことがあるが，句点は最後にひとつしかない長文であっても，それは最後にある名詞の修飾語であって，初めて読む者

にとっては，何が何だかわからないということになる．特許の内容で難しいのは，名詞である特許請求の範囲であって，それ以外は一般の技術文書である．

(4) 特許出願のタイミング

特許権利化に関して，出願のタイミングも難題である．新規事業を起こす場合の，事業と特許出願のタイミングについてみてみよう（図表 10 - 10 参照）．

まず，アイデアができたときに，特許出願できるかどうか判断し，事業を独占するためのポイントがあれば，できるだけ早く特許出願を行う必要がある．しかし，特許のポイントがなければ，特許にこだわる必要はない．他にビジネスで優越するところを確保すればよいからである．たとえば，売るための独自

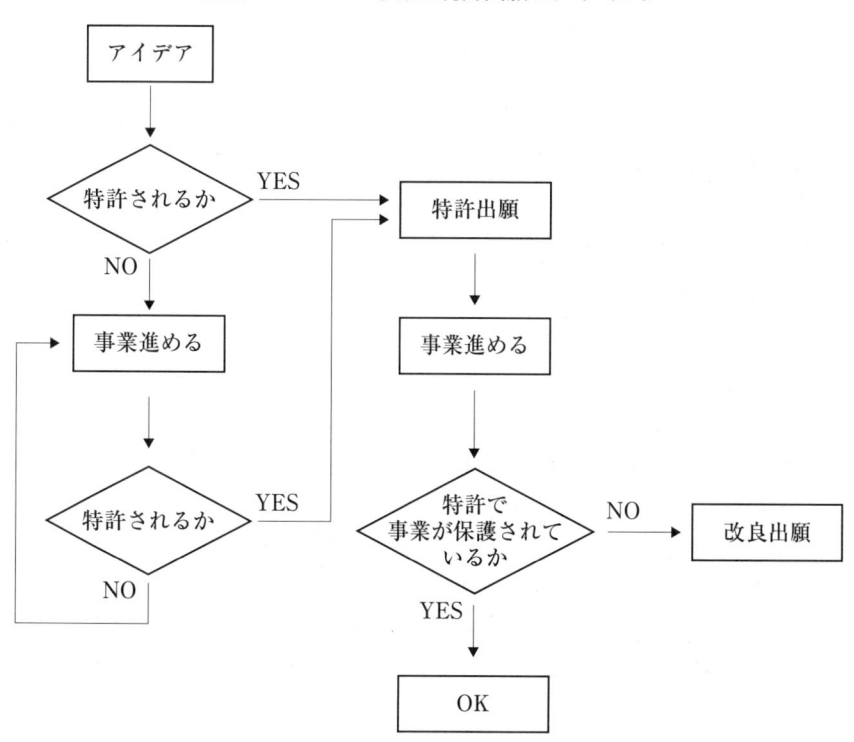

図表 10 - 10　事業と特許出願のタイミング

のネットワークをもっているとか,自社しかその製品を輸入できないなどである.ここで,重要なことは,特許は目的ではなく,手段だということである.まず,事業があって,それを真似されないため特許を手段として考えていくということである.

しかし,事業独占のために,特許を取得できるポイントがあれば,特許出願は当然のことである.最初のアイデアが特許にならなくとも,事業を進め新しい課題を解決していく中で,特許性が出てくる場合も少なくない.その場合は,その時点で,特許出願を行うことが重要である.事業を進め,マーケットに出すまで改良を加えるのが通常であり,その間の改良発明についても引き続き特許出願を行うことが必要である.基本発明が特許を取れずとも,改良特許が市場で有効に機能する場合も多い.さらに,事業を展開する中で,常に特許で保護されているかどうかのチェックも必要である.特許は出願の段階で固定されるが,事業は,顧客のニーズに合わせて,どんどん変化していくからである.

演・習・問・題

問1 特許権が強ければ強いほど,産業は発達するか考え,論じなさい.
問2 新製品を開発する場合,他人の特許を調査して,同じものがなければ,後は特許について留意することはないかどうか説明しなさい.
問3 新製品を開発した場合,必ず特許権を取得する必要があるかどうか論じなさい.

参考文献

発明協会研究センター編(2003)『実施料率 技術契約のためのデータブック』発明協会

発明協会研究所編(2000)『職務発明ハンドブック』発明協会

最高裁平成15年4月22日第三小法廷判決 平成13年(受)第1256号 光ピックアップ補償金請求事件(第1審:平成11年4月16日東京地裁平成7年(ワ)3841号,第2審:平成13年5月22日東京高裁平成11年(ネ)3208号)

東京高裁平成16年（ネ）第962号，同2177号和解勧告　青色発光ダイオード補償金請求事件　http：//www.nichia.co.jp/domino01/nichia/newsnca.nsf/2005/01114（第1審：平成16年1月30日東京地裁平成13年（ワ）17772号）

《推薦図書》

1. 特許庁ホームページ：http：//www.jpo.go.jp/indexj.htm
   特許制度紹介，特許審査基準等，多岐にわたる情報・知識が入手可能．
2. 特許庁編（2004）『産業財産権標準テキスト　特許編』発明協会
   図表が多く，初心者が読みやすい入門書．
3. 特許庁編（2001）『工業所有権法逐条解説』発明協会
   特許法等について，特許庁の見解により解説している入門書．
4. 久保浩三（1999）『図解公開特許活用法』日刊工業新聞社
   特許調査から活用まで幅広く取り扱った入門書．

第 V 部
ものづくりのマネジメント

- 第 I 部　技術競争と技術経営
- 第 II 部　技術戦略と連携マネジメント
- 第 III 部　R&Dマネジメント
- 第 IV 部　知的財産権マネジメント
- 第 V 部　ものづくりのマネジメント
  - 第11章　ものづくりと組織能力
  - 第12章　日本的技術経営

技術経営
テクノロジー

第11章の要約

　ものづくりは万能か？戦略提携やアウトソーシングが盛んに唱えられ，外部資源の活用が広く行われてきている．とりわけ，組み立て生産は付加価値が低く，OEM企業やEMS企業への生産委託も広く行われてきている．しかしながら，もの造りの日本企業を代表するトヨタのように垂直分業型で統合型の組織が高い収益をあげている．もの造りにおける付加価値とはどのような場合に生じるのか．それを本章では製品アーキテクチャという考え方をベースにして検討する．この製品アーキテクチャに適した組織能力があり，その能力を有する企業が優位性を獲得し，もたない企業は低収益に陥ってしまう．この組織能力とは，企業が内外の資源（自社資源と他社の保有する資源）を組織がどのようにうまく活用するのかを意味している．1990年代は企業提携の時代であり，オープン・リソースの時代であった．それを加速化したのは，ITである．しかし，そこで日本企業が競争力を有している分野は多くはない．

　日本企業はものづくりで優位性にあるといわれてきたが，製品アーキテクチャによってはものづくりのポイントが異なるようである．日本企業が弱いもの造りの側面とは何か，あるいは途上国で問題となる日本製品の「過剰品質」はなぜ起こるのか．その点について，さらに顧客満足との関係で日本的ものづくりについて検討する．

第 11 章　ものづくりと組織能力

1. メーカーとものづくり

(1) 顧客満足

　ビジネスの基本は，顧客の要求にいかに応えていくかである．顧客の要求に応えられない企業は市場から姿を消すことになる．とりわけ，かつての大量生産・大量消費時代（モノを作れば売れる時代）から消費者のニーズやウォンツが多様化し，また IT の普及により製品やサービスに関する情報が容易に獲得できる現在では，この顧客の要求にいかにうまく応えるかが評判を生み，そのブランドに対する信頼感やロイヤリティが高まり，安定的な経営を生み出していく．この顧客とは最終消費者のみならず，部品サプライヤーにとっては組立メーカーが顧客となり，その要求にうまく応えていかなければ淘汰される．これら顧客の要求に応えていくことを重視した考え方が「顧客満足」(CS：Customer satisfaction) である．

　顧客満足とは，顧客の期待水準以上のものを企業が提供することによってもたらされる．それには，価格，品質，機能，デザインのみならず，納期やアフターサービスの質もその対象となる．しかし，顧客の期待水準がその基準となるため，顧客が当該製品やサービスに何を求めているのかを把握することが重要である．ターゲットとしている顧客にとって価値ある製品やサービスを生み出し，提供することが重要なのである．それがライバル会社に対する競争優位の確立につながっていく．したがってここでのポイントは，顧客がその製品／サービスの価値を決める，ということであり，決して供給側の企業が決めるのではないということである．たとえば，AV 機器では製品差別化競争が激化すると，機能競争が始まり，われわれ消費者が求めてもいない機能を付加し，その結果使い勝手の悪い（機能が複雑化して使い方が分からない）製品を販売する．しかし，それらの機能にわれわれが価値を見いださない限り，その製品は差別化で成功したとはいえない．その製品／サービスの価値を決定するのは顧

客だからである．

(2) 選択と集中

　以上のことからメーカーにおける「ものづくり」の側面を考えてみよう．顧客の期待にどのように応えていくか，そしてその顧客にとっての価値をどのように実現していくかがポイントとなるのは上記のとおりである．とすると，もの造りにおける価値の創造が問題となる．たとえば，ナイキは，スポーツ用品・スポーツウェアで有名な企業である．彼らに消費者（プロスポーツ選手ではなく一般大衆）が求めるのは，用具としての機能性とファッション性である．そのため，ナイキでは新素材の開発や機能の開発，そして流行のデザインを取り入れた製品開発を行うとともに，世界中で名の知れた一流プロスポーツ選手をプロモーションに起用し，積極的にその機能性とファッション性をアピールする．極端にいえば，ナイキの強みは開発とマーケティングにあるといえる．そのため，ナイキでは開発とマーケティングにもてる力（経営資源）を集結（集中）し，生産（もの造り）はすべて外部の企業に生産を委託する．もちろん，品質も重要であり，生産依託工場に対しては厳しい品質管理を要求する．その要求に応えられない工場は契約を打ち切られる．

　このような生産を外部委託（アウトソーシング）するというメーカー，いわばもの造りをしないメーカーというものが近年多くみられるようになってきている．これは，自社の強みを発揮できる分野を選択し，その分野に集中するという「選択と集中」という考え方である．ナイキの購入者層が，その機能性とファッション性にナイキの製品の価値を見いだしている限り，この選択と集中は意味がある．同様に，生産のアウトソーシングは，パソコン（とりわけデスクトップ・パソコン）で進行し，OEM（相手先ブランド名製造）やEMS（エレクトロニクス受託製造サービス）企業に委託生産する方式が一世を風靡した．スマイルカーブに基づく組立のアウトソーシングである（第2章参照）．

　他方，乗用車メーカーを考えてみよう．トヨタの強みは，開発・設計から部

品調達，組立，流通・販売，アフターサービスにおける総合力である．トヨタの品質に対する顧客の高い信頼性は，この総合力であり，たゆまざる「カイゼン」からもたらされる．トヨタは組立生産を大々的にアウトソーシングするだろうか（主力車種ではないリッターカーの一部はトヨタグループのダイハツからアウトソーシングしているが）．このような相違はなぜ生じるのだろうか．このようにみると，メーカーにとって「ものづくり」の位置づけが異なるように思われる．それでは，メーカーにおける「ものづくり」は，競争優位の形成上，どのような意味があり，それは業界や企業，あるいは製品のタイプによって異なるのだろうか．次にこの点について考えてみよう．

2. 製品アーキテクチャ

(1) 製品の基本設計思想

　生産現場で求められる能力は，業界というよりも製品のタイプによって大きく異なっている．その製品タイプを分ける際に，製品アーキテクチャという概念がメーカーの組み立て作業を考える場合に有効である．製品アーキテクチャとは，製品の基本設計思想であり，設計者がその製品の設計をどのような「基本的なものの考え方」で行っているのかを示す概念である（藤本，2004：124）．製品は顧客のニーズやウォンツを満たすための機能を有している．まず，製品開発段階で，当該製品コンセプトにおいてどのような機能をその製品にもたせるのかを決定した後，その機能を実現するために，どのような部品を用いるかをその対応関係から基本設計する．この機能と部品をどのように対応させ，そして部品間の信号や動力のやり取りをするインターフェース（接合部分）をどう設計するのかについての考え方が製品アーキテクチャである（高橋，2005：92）．

　まず，機能と部品の対応関係からみてみると，2つのタイプに大別できる．第1は，機能と部品との対応関係が1対1となっている場合である．パソコンを考えてみると，インプットされたデータを処理する機能，内部メモリー機能，

外部記憶機能，画像出力機能という4つの機能から構成されているとしよう．それに必要な部品は，演算処理機能を果たすMPU，内部メモリーとしてのDRAM，外部記憶機能としてハードディスク，画像出力機能としてグラフィックボード（チップ）であり，機能とそれを果たす部品が1対1で対応している．このように機能と部品との対応関係が1対1となるような基本設計思想に基づくものは，「モジュラー型アーキテクチャ」という．

　第2のタイプは，求める機能と部品との対応関係が1対1ではなく，多対多となっていて非常に錯綜している場合である．乗用車における「乗り心地の良さ」という機能は，タイヤ，サスペンション，ショックアブソーバー，シャーシー，ボディ，エンジン，トランスミッションなどすべての部品が相互に影響しあい，それらを相互に調整することによって達成される．また逆に，ボディは，安全性，居住性，デザイン性，燃費など多くの機能に影響を与える．さらには，ある機能にはある部品仕様が重要だが，その部品の使用が他の機能にマイナスに影響するというようなトレードオフも存在する（たとえば居住性を高めるために車高を高くすると燃費が悪化するなど）．これを解消するには非常に高度な部品間の調整を必要とする．このように乗用車においては機能と部品は多対多の関係にあり，また錯綜しており，部品間の調整，すなわち「擦り合わせ」が必要な設計となっている（藤本ほか，2001：5）．このような部品間の高度な擦り合わせが必要なものを「インテグラル型製品アーキテクチャ」という．

　さらに，部品間での信号や動力のやり取りの接合のしかた（インターフェース）からも設計思想を分類できる．部品間のインターフェースが，企業を超えて業界レベルで標準化している場合，その支配的な設計思想は「オープン・アーキテクチャ」といい，企業内での特殊なインターフェースを用いている場合には，「クローズアーキテクチャ」という．これらの組み合わせから，図表11－1のような製品アーキテクチャの分類ができる．

　デスクトップPCは，先にみたように機能と部品との関係が，業界レベルで

図表11-1 製品アーキテクチャと代表的分布

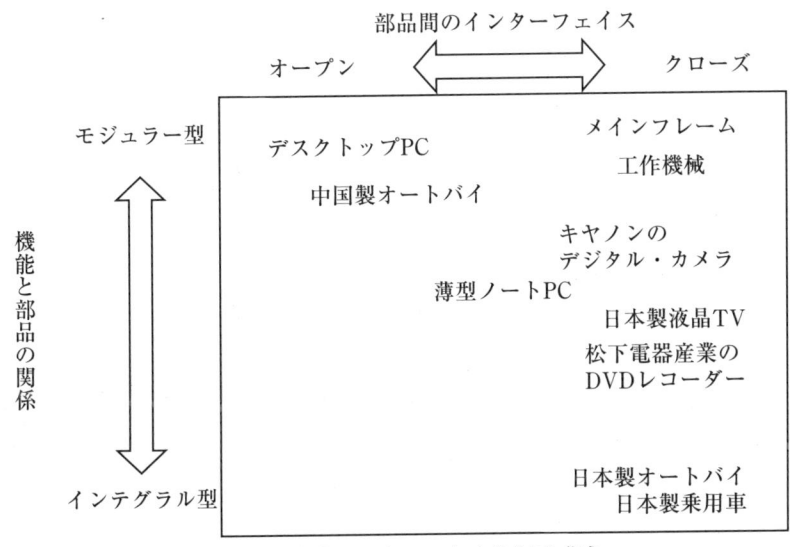

```
                     部品間のインターフェイス
                 オープン  ⟵⟹  クローズ

   モジュラー型
        ↑        デスクトップPC           メインフレーム
        |                                 工作機械
        |        中国製オートバイ
 機     |
 能     |                          キヤノンの
 と     |                          デジタル・カメラ
 部     |
 品     |              薄型ノートPC
 の     |                                 日本製液晶TV
 関     |                                 松下電器産業の
 係     |                                 DVDレコーダー
        |
        |
        ↓                                 日本製オートバイ
   インテグラル型                          日本製乗用車
```

出所）藤本（2004：132）をもとに新宅ほか（2004：5）を参考にし作成

規格化・統一化されており，また，部品間のインターフェースもオープンである．したがって，最終組み立てにおいて用いられる部品は，規格化された部品を外部調達することが可能であり，それを組み立てることは比較的容易なものとなる．むしろ，企業内でそのような部品を内製することは規模の経済の面で専門業者からの外部調達よりも劣ることになる．したがって，産業的には各部品メーカーと組み立てメーカーの間の水平的な分業関係（系列・下請けなどの垂直的分業関係ではない）が形成され，市場を通じて部品の取引が経済的なものとなる．また，最終組み立て工程において，多様な規格化された部品の組み合わせによる製品多様化は容易になるが，標準化されたインターフェース（接合）のため，組み立て作業における他社に対する差別化は困難となる．このようなオープン・モジュラー型アーキテクチャが支配的な業界では，製品のコモディティ化（差別化の余地が小さくなること）が生じ，価格競争になりやすいと同時に，組み立て工程で価値を付加することが難しくなる．このような製品

のタイプでは，スマイルカーブが存在しやすく，OEM 企業や EMS 企業に生産を委託するというパターンがかなり一般化することになる．しかし，オープン・モジュラー型のもっとも大きな特徴は，「開発・設計」「部品」「組み立て」という各機能での活動で，それぞれの相互依存性が小さく，それぞれ独自に展開することが可能である点にある．したがって，部品生産および部品調達の面で規模の経済が大きくなる水平的分業が最も有効な形態となる（図表11－2）．

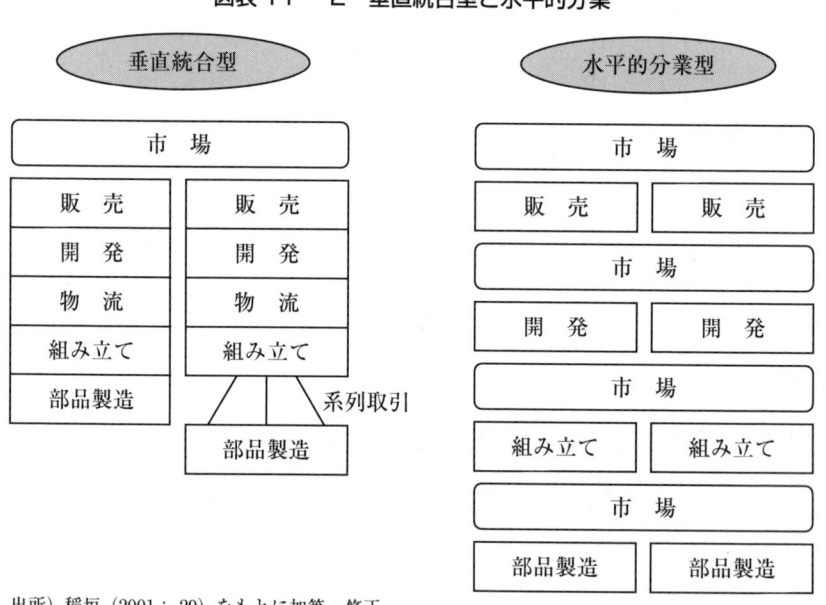

図表11－2　垂直統合型と水平的分業

垂直統合型

| 市　場 |
| 販　売 |
| 開　発 |
| 物　流 |
| 組み立て |
| 部品製造 |

| 販　売 |
| 開　発 |
| 物　流 |
| 組み立て |

系列取引

| 部品製造 |

水平的分業型

| 市　場 |
| 販　売 | 販　売 |
| 市　場 |
| 開　発 | 開　発 |
| 市　場 |
| 組み立て | 組み立て |
| 市　場 |
| 部品製造 | 部品製造 |

出所）稲垣（2001：29）をもとに加筆・修正

この対極にあるのがクローズ・インテグラル型である．その代表が乗用車であるが，このタイプでは，製品の基本設計の段階から用いる部品間の関係，設計と製造（組み立て）の関係など擦り合わせが必要となる．そのため，部品サプライヤーを巻き込んだ開発（デザイン・イン）や社内でも機能部門横断的なプロジェクトチームなど，擦り合わせが必要とされる．乗用車としての性能は，これら擦り合わせによる各機能の総合性，まとまりが決定因となる．組立工程

での作業者の技能が要求されるとともに，組織の統合力が重要となるゆえんである．この場合，水平分業型よりも垂直統合型の方が機能や活動間の調整がしやすい．

クローズ・モジュラー型は，機能と部品間の対応関係が1対1の関係にあるが，部品（モジュール）間のインターフェイスが自社内の特殊仕様となっているものである．そのため，他社製品との差別化の余地がかなりあり，それを生み出す部品の内製化，さらには設備機械類の内製化率も高い傾向にある．クローズ・モジュラー型は自社仕様が顧客にとっての価値の源泉（品質，デザイン，機能，製品多様性，納期など）となる．クローズしているところが強みの源泉部分である．モジュラー型であるので，それがオープン化すると競争優位は他社にすぐに模倣される．ブラックボックス化戦略が重要で有効性があるのはこのクローズ・モジュラー型であるといえる．しかし，オープン・モジュラー型で同等の製品（品質，デザイン，機能，製品多様性，納期）が製造可能であれば，このクローズ・モジュラー型を追及する企業の優位性はなくなる．

(2) 製品アーキテクチャと現場のスキル

モジュラー型の場合，組み立て工程で付加価値は出にくい設計思想である．先の例でのデスクトップPCをみても，パーツを秋葉原で購入し，自分で組み立てたものであっても，メーカーが組み立てたものと比較しても遜色なく作れる．それほど組み立てのスキルを要するものではない．組み立てに必要なモジュールの数も決して多くはない．したがって，組み立てメーカーにおいてもBTO方式に対応したセル生産方式は導入しやすい．このような場合，多能工といっても比較的浅いスキルで対応可能である．

むしろ，モジュール型に関しては，もの造りの面では組立よりもモジュール（部品）自体の開発・製造に利益を見いだしやすい傾向がある．製品の最終組立からみた設計思想がオープン・アーキテクチャであっても，部品やモジュール内部の面でみると，必ずしもそうではない．たとえば，インテル社のマイク

第11章　ものづくりと組織能力

ロプロセッサーは，他のパソコン部品との関係ではオープン・モジュールであるが，その中身はオープン・モジュールではない（藤本ほか，2000：7）．ここでもの造りの力が発揮されるのは，おもにそのキーデバイスという部品（モジュール）の開発と製造にある．このキーデバイスの開発と製造に他社が追随できない場合には独占的な利益が確保される．部品サプライヤーが利益をあげられるのは，ここに高い能力を有する企業である．たとえば，超小型水晶デバイス，セラミック部品，小型電池（唐津，2005：35），腕時計のムーブメント，リチウムイオン電池などである．組み立てメーカーでもこのようなキーデバイスを収益源としている企業も多い．

それに対し，部品レベルのみならず，インテグラル型製品アーキテクチャの製品では，組立工程は重要な意味をもつ．モジュラー型ではないために，組み立てにおいても現場のスキルが重要となる．部品点数が多いほど，取り付けは複雑になり，インターフェースも標準化してないため，熟練が必要とされる部分も多くなる．また標準化してないことから，現場での改善・改良，創意工夫の余地が大きく，現場の力が製品の品質・納期に大きな影響を与える．またそれにも増して重要なのは，現場レベルの問題が，設計にまで影響を及ぼす場合があり，開発・設計から生産までの機能部門間の活動レベルでもその相互依存性は極めて高いことである．それぞれを分断化して問題を処理することは不適切であり，むしろ相互依存性を意識して機能横断的な問題解決に当たる組織能力が求められる．オープン・モジュラー型アーキテクチャが部品メーカーとの水平的な分業関係が適しているのに対し，垂直統合型，あるいは垂直分業型（系列部品メーカーとの分業）がその相互依存性からもたらされる問題を解決するのには適している．現場で問題を発見し，解決する現場・現物主義と機能部門間の調整が不可欠となる．この場合，求められるスキルは，幅広いスキル（多能工化）と同時に深さのあるスキルである．そのような人材育成がもの造りの面で企業の競争力を生み出す．

また，部品レベルでみても，機能と部品との関係が多対多であることから，

1つの部品の不具合が，多くの機能面での不具合に結びつく．そのことからも部品メーカーの技術力も問題となる．このインテグラル型では，部品レベルから組み立てレベルまで，現場のものづくりのスキルではかなり高いものが要求されることになる．

3. 製品アーキテクチャの変化とものづくり組織

(1) 組織能力の適合化

　ある製品の製品アーキテクチャは不変的なものではない．従来インテグラル型であったものが，モジュラー型に変化したり，逆にモジュラー型がインテグラル型にシフトしたりする場合がある．生産技術面での展開や製品イノベーションによってそれは変化する．先にみたように，オープン・モジュラー型では，水平分業型が適した取引形態（市場取引）である．それに対して，クローズ型は機能間の調整を稠密に行う必要性が高いため，垂直統合型（企業内取引）が適している．そこでは必要な組織の能力が異なるためである．オープン・モジュラー型では，個々の分野での専門能力とデファクトを形成する能力が必要とされる．さらに，市場取引での交渉力がコストダウンに大きく作用するため，部品調達においてはその規模が重視される．組み立て生産に特化したEMS企業は，この調達での規模の経済の発揮が重要であるといわれている．そのため，世界中に分散した各工場に部品調達権限は与えておらず，本社が一括購入契約を結ぶ方式を取っている．

　インテグラル型では，先にみたように，機能横断的な活動の調整が魅力的な製品の製造には不可欠である．そこでは社内でも部門横断的な協力関係の構築が必要となる．しかし，効率性を達成するためにはそれぞれ専門化した部門編成が必要となる．つまり，効率性を追求するための縦割り組織と，部門間問題解決のための横断的組織の組み合わせが必要となる．それには，部門横断的なプロジェクト・チームやプロダクト・マネジャー，機能部門と製品部門のマトリックス的な組織設計がなされることになるが，これらをうまく機能させる社

内風土や組織文化が問題となる．統合的な組織能力に優れているというトヨタの強さを模倣しようとしてもなかなか難しいのは，表面的な方式だけでは機能しない，いわば広さと奥行きをもった組織能力のためである．

このようにみると，各製品アーキテクチャにはそれぞれ適した組織能力があるといえる．しかし，製品アーキテクチャは必ずしも不変ではない．したがって，ここでの問題は，このアーキテクチャの変化が生じた場合に，それに対応する組織能力をすぐに形成することが難しいという点にある．市場取引に長けた企業と，内部調整力に優れた企業とは組織の構造のみならず，組織風土や文化が異なり，組織慣性からいってもすぐに従来有している能力を捨てて，新しい能力を身につけるには時間がかかる．とりわけ，モジュラー型からインテグラル型への転換は，そう簡単にいくものではない．このようにモジュラー型からインテグラル型への転換での問題を「モジュラリティの罠」といい，統合型組織がモジュラー型へのシフトにうまく対応できない問題を「統合組織の罠」という．

(2) 製品アーキテクチャと顧客満足

製品アーキテクチャは，時間とともに変化する可能性があるだけではなく，同一時点でも市場セグメントによって異なる場合もある．その典型は，地理的市場の違いによる製品アーキテクチャの地理的変化である．たとえば，オートバイに関しては，日本では品質の良いインテグラル型の製品が好まれる．しかし中国では必ずしもそうではない．自転車の代替製品として日常の交通手段としてとにかく手に入れたい．品質よりも価格である．このような顧客層が多いほど，日本製のバイクは過剰品質とみられがちになる．それに対し，中国企業によるオートバイは，オープン・モジュラー型でつくられている．その分，部品間の擦り合わせの不足から，品質上の問題が指摘されるが，それでも売れるのである（藤本，2004）．「日本人顧客は世界で一番うるさい，細部まで気にする」というのが日本のメーカーの品質を高めてきた一因であるともいえるが，

世界中の顧客がそうであるとは限らない．とりわけ中間所得者層よりも下をターゲットにした「より良いものをより安く」というのは，価格競争に巻き込まれやすい．品質と価格の兼ね合いで購入が決定される．顧客が求めていない品質の達成が過剰品質となり，高コストから価格に反映される．途上国での競争で日本企業が窮地に立たされるのはこのためである．

　これに対応するひとつの方法は，市場セグメントを絞り込み，たとえば，途上国では所属の高い上層をターゲットとする方法である．統合的組織の強みを発揮し，他社，とりわけ途上国企業では到達できないような品質を達成し，それにより高い企業イメージあるいはブランドイメージを形成する．とくに，中国やインドなど現在注目を集めている新興市場は人口が10億以上と多い．所得上位5％に絞り込んでもそのセグメントはかなり大きい．ただし，「より良いものをより安く」で勝負してきた日本企業が，シェア重視で評価する風土からの脱却は必要となる．品質に見合ったプレミア価格を達成するための戦略が必要とされよう．

　もうひとつの方法は，モジュラー型生産にシフトすることである．現地メーカーとの同様の方法をとり，現地並みの品質で現地価格を達成することである．徹底したコストリーダーシップを追求するのはひとつの選択肢としてはありうる．しかし，この方法は，従来の強みを否定し，相手の土俵で戦うことを意味する．統合的組織能力を武器にしてきた日本企業にとっては，このような戦略がオペレーション的にも実行可能かどうかは問題の多いところである．

　このように，製品アーキテクチャの問題は，企業の有する組織能力に大きくかかわっており，技術的問題として一律的にとらえられるものではなく，市場との関連，とりわけ顧客満足との関連から把握されるべきものといえる．

演・習・問・題

問1 身近にある製品が,どのようなアーキテクチャであるか考えてみよう.
問2 コンピュータを例に,アーキテクチャの変化を調べてみよう.
問3 インテグラル型製品の場合,知識の統合が必要となるが,乗用車を例に具体的に考えてみよう.

参考文献

藤本隆宏(2004)『日本のもの造り哲学』日本経済新聞社
藤本隆宏・武石彰・青島矢一編(2001)『ビジネス・アーキテクチャ』有斐閣
稲垣公夫(2001)『EMS企業』ダイヤモンド社
唐津一(2005)『現場主義』中央公論社
高橋伸夫(2005)『もの造り経営講義』日経BP社
新宅純二郎・加藤寛之・善本哲夫(2004)「中国モジュール型産業における日本企業の戦略」『MMRC DISCUSSION PAPER SERIES』No.2.

《推薦図書》

1. 藤本隆宏(2004)『日本のもの造り哲学』日本経済新聞社
   製品アーキテクチャと組織能力との関係について平易に解説.
2. 藤本隆宏・武石彰・青島矢一編(2001)『ビジネス・アーキテクチャ』有斐閣
   製品アーキテクチャについての詳細とビジネスシステムについての専門書.
3. 唐津一(2005)『現場主義』中央公論社
   日本企業の現場力について平易に解説.
4. 国領二郎(1999)『オープン・アーキテクチャ:ネットワーク時代の協働モデル』ダイヤモンド社
   オープン・アーキテクチャ戦略のモデルと実際例が提示.

第12章の要約

　近年，日本製造業で国内回帰現象が指摘され，また，技術漏出を防ぐ「ブラックボックス戦略」も注目されてきた．それとともに日本製造業の復権の兆候が現れ始めた．他方，2007年からいわゆる団塊の世代の大量定年を迎え，生産現場や技術分野での技能継承問題も起こってきている．日本企業の製造の強みとは何か．前章からつなげると，どうやら日本企業は，インテグラル型製品に強く，アメリカ系企業はモジュール型で強さを発揮しているようである．これらの違いはなぜ生じたのか．それぞれの製造業における生産現場での問題を歴史的に振り返ることによって検討しよう．それぞれ製造業の生成・成長期において固有の問題を抱えており，それが現在の強みと弱みを形成していると考えられる．日本的な技術経営の特徴もまた，生産現場と強くつながっており，それがまた現在の国内回帰現象をもたらしているようである．また，それら技術経営の特徴が，海外への事業展開の方法や技術移転にも影響を与えている．日本企業の強みとは何かを再認識することによって，統合型組織能力を活かす方法について検討する．

第12章 日本的技術経営

1. 日米ものづくり比較

　第11章でみたように，製品アーキテクチャによって日本企業はその強みとする領域があるように思われる．インテグラル型の製品，あるいはモジュール型でもクローズ型で成果をあげている企業が多い．それに対し，アメリカ系企業は，モジュール型にその強みがあるようである（藤本，2005）．そこでまず，日米企業の経営伝統の違いを検討することを通じて，日本企業のものづくりの特徴を浮き彫りにしよう．

(1) アメリカ企業の経営伝統とものづくり

　アメリカ経営学のひとつの源流は，工場管理問題である．学問の形成にはその背景要因があるが，とりわけプラグマティズムが主流のアメリカでは工場での管理問題が企業経営にとって大きな問題となっていたからである．その歴史的背景を無視して，アメリカのもの造りについて語ることはできない．
　アメリカが急速に工業化するのは19世紀の後半である．とりわけ，南北戦争で工業地帯の北部が勝利したことは，工業の発展に大きな意味をもった．世界の工場であったイギリスに対し工業保護の立場から保護貿易主義をとったことにより，広大な市場を有するアメリカにとっては内需主導の工業発展を目指すこととなる．また，南部の綿花プランテーションに資金を投下していた商人も，対外貿易の困難さから工業に投資を行うようになった．時にアメリカ横断鉄道も開通し，鉄道建設に不可欠な鉄鋼も発展してきた．しかし，この工業化で最も大きな問題は，工場の労働力にあった．
　アメリカの広大な国土と，1800年代末までフロンティアが存在したことは，その土地の安さから農民にとっても魅力的であった．穀物メジャーが存在するように，現在でもアメリカは世界No.1の農業国でもある．当時のアメリカ企業での工場管理での問題は，労働力不足，とりわけ熟練労働力が不足していた

ことである．古くは独立戦争後，繊維関係の熟練労働者のイギリスからの渡航は禁止されていた．イギリスからの技術漏洩を防ぐためである．そうでなくても，アメリカの急速な工業化は，熟練労働者不足に陥りやすい．後にみるように，日本でも軽工業から重化学工業への転換では，その分野での熟練労働者の不足に悩むことになる．

アメリカでその労働力不足を補ったのは，海外から移民してきた人々であった．もともとアメリカは，インディアンの人たちを除いては移民から成り立っている国である．この時期に流入してきた人々は，後期移民とよばれ，宗教上の迫害から新天地を目指してきた初期移民とは異なっている．後期移民は，主に母国での農業不況（主に農作物の病気による）によって土地を奪われ，小作農に没落してしまった人が多かった．先に述べたように，アメリカには広大な土地があり，アメリカに渡れば自営農家としてもう一度やり直すことができる．それが彼らのアメリカン・ドリームであった．1840年代にはアイルランドから，その後ドイツ，イタリア，ポルトガル，スペインからと流入が増大し，19世紀後半のピークには年間130万人ほどに達していた．しかし，アメリカでは広大な土地が安く手に入るといっても，その資金，そして渡航前に抱えていた借金や渡航にかかった費用，農業を行うために必要な準備資金など，アメリカに入国してもすぐに農業を始められるわけではない．彼らの多くは，工業地帯の北東部に入り，工場で働くことによってその資金を蓄えようとした．

19世紀後半の労働力不足を補ったのは，彼ら後期移民の人々であった．しかし，彼らは農業出身であり，工場労働の経験があるわけではない．また，言語も多様である．そのような彼らを工場労働力として機能するようにするには，従来の職人をベースにした技能形成は困難であった．また，彼らの多くは，工場で働くのが目的ではなかったこともあり，流動性はかなり高かった．そのような特性を有する労働市場において，工場労働力として機能するためには，それに対する仕組みを考えなければならない．それは，従来職人や熟練者が行っていた作業をできる限り細分化し，個々の作業を単純化することであった．し

かし，このことは，従来職人や熟練者が行っていた「構想に基づく作業」(作業者が頭の中で製品を構想し，それに合わせて造り込んでいくこと)を分離し，個々の動作に分解することによって熟練を解体することであった．この徹底した作業の単純化に基づく分業によって効率性を高めようとした．細分化による作業の単純化により言葉が多少通じなくても，そして工場労働の経験がなくても仕事ができるようにすることによって労働力として活用する．

しかし，このバラバラに行う作業も，最終的には製品として統合化しなければならない．そのため，個々の部品レベルでの規格を設定し，その規格通りに作れば，事後的にそれら部品を組み合わせて作ることが可能になる．これが互換性部品制度である．もちろん，その部品レベルの規格の精度が問題となり，それがアメリカの工作機械産業の発展を促した．フライス盤やボール盤などの専用工作機械がアメリカで発達し，精度の高い治工具も開発されることになる．ヨーロッパでの万能職人やギルドにおけるクラフトマンシップとは大きく異なる展開となった．また，科学的管理法でも紹介されている，動作研究，時間研究による作業方法の標準化も促進された．これらが集大成されたのがフォード生産方式である．

このように，従来(あるいはイギリスでは)職人がそれぞれ全体構想に基づき，部品間の関係を考え創意工夫していくというインテグラル的な方法で行っていたのを，個々に分解し，互換性部品制度により分業に基づく組み立て生産を行うというモジュール型に転換したとみることができる．民族の多様性を作業の標準化により管理していくという方法をとったといえる(茂垣，2001)．IE (Industrial Engineering)の専門家が分析し，それを標準作業手順書として徹底的にマニュアル化していく．そのマニュアル通りに行うことによって一定の品質を保持することができる．これは熟練を形成する(人を育てる)というよりも，不熟練を前提に誰でもできる作業に落とし込んでいくところにその本質がある．このように，アメリカでは熟練労働力不足と移民労働力への対応としてモジュラー型アーキテクチャが生成し，それがアメリカ企業の強みを形成して

きた経営伝統のひとつとみることができよう．

(2) 日本的ものづくりと人材育成

　日本的なものづくりの特徴は，現場主義と多能工化を挙げられよう．現場主義とは，現場の問題は現場で考え，現場で処理するという現場情報を重視した経営のやり方である．このような現場主義を可能にしているのは，現場の人材育成である．そのひとつが多能工化である．多能工とは，一人の人間が，複数の職務（工程）を担当できる能力を有していることを意味している．ジョブローテーションや配置転換によって複数の職務を経験することによって養成される．この多能工の存在により，製品品目の切り替えによる人員配置の柔軟性や変化への対応力が高まる．しかも複数の工程を経験していることにより，広い視野で生産工程を見渡すことができ，そのことが現場での改善力を高める大きな要因となっている．

　たとえば，日本の品質を支えた現場のマネジメントとしてQC（品質管理）サークルを基盤としたTQC（全社的品質管理）がある．最近はその評価は落ちているが，業務の改善および提案の日本的制度であった．多能工が改善提案で有効性が高いのは，彼らが広がりをもって生産工程を眺めることができ，しかもまた多くの工程を経験することによって現場での問題を熟知しているからである．ある工程の改善が全体としてみた場合どのような効果があるのか，あるいはある部分を変更することが他の部分にどのように影響するのかを理解できるからである．また，QCサークルとして機能するのは，他の工程の提案に対して経験上から意見をいうことができるからである．また，技術者と現場のワーカーの人々の社会的距離が欧米に比べてはるかに小さく，両者の実質的な協働の態勢が現場で形成されていることも指摘されてきた．技術者は，工場生産管理スタッフとして，現場管理層の下で現場管理を補佐するとともに，生産現場における作業長以下の作業管理に，助言者として参画し，生産現場で発生する問題を素早くキャッチし，対策を企画する．そればかりではなく，現場の

ワーカーの人々が提示する，疑問や不満，改善提案を吸い上げ，それが生産技術本部や生産管理部などの組織で体系的に分析され，それが有効であれば全社的に改善が実行される（岡本，1985：26-27）．このように，日本企業は，生産現場の人々のスキルと能力の高さに大いに依存している．これは先にみたアメリカ企業の経営伝統とは大きく異なる点である．もちろん，これには一長一短があり，現場情報に依拠している限り，現場中心のインクリメンタル・イノベーション（小幅の積み上げ方式の改革）であり，ドラスチックなイノベーションには不向きであるといわれる．また，QCサークルも職場を越えた横断的な改善にはその限界も指摘される（たとえば，その職場自体が自社のビジネスプロセス全体からみた場合本当に必要かどうかは，全体を見渡せる上層にしか判断できない）．しかし，日本企業の競争力は，このような現場の力，換言すれば現場の人材育成に大きく依存している．

(3) 日本における長期人材育成

日本でも，ワーカーに対し長期雇用を打ち出し，人材育成に力を注いだのは，人材不足，とりわけ熟練労働力の欠如にあった．先にみた，アメリカにおける熟練労働力不足と同様の問題から出発している．しかし，日本には広大な土地も大規模な移民の流入もなかった．

日本で工場労働者の長期雇用がなされ始めたのは，明治末期から大正期にかけてといわれている．それ以前は，工場における労働移動率はきわめて高かったといわれている．渡り職人が多く，彼らは請負職人として企業間を移動していた．なぜ，この時期に長期雇用が打ち出されてきたかというと，日本経済が軽工業から鉄鋼や化学など重化学工業に転換し始めたことによる．たとえば，木製の船から巨大な鉄製の船への転換である．この転換期にあっては熟練者が極端に少ない．そのため，大手企業は，企業内に職業訓練校を開設し，現場労働力の育成にあたる．基礎理論から実地まで含めて教育訓練する．しかし，熟練者を育成するには卒業してからも時間がかかる．たとえば，船舶の先端から

下にかけての曲線をどのように原図（船の設計図）通りに鉄板を曲げるか，この技術は，一人前になるには10年以上が必要であるという．この時代には年功賃金は個々人の能力向上と比較的対応関係にあったといえる．企業内職業訓練学校を卒業してからもその企業に入社し，現場で仕事を通じて技能を形成していく．その技能に対し企業は報いていく．それによって熟練者を確保し，自社の競争優位へと結びつけていく．現場の意見を無視しては良い製品はできない．このような現場主義は，日本が当時直面していた問題に対するきわめて合理的な選択であった（アメリカの方法も当時の環境からすれば合理的な選択といえる）．このような現場主義は，日本の経営伝統といえる．それが日本企業の特徴であり，強さの源泉である．製造現場における品質へのこだわりである「品質の作り込み」は，現場での品質への執着心，追及心の現れであり，ワーカーの有する深くかつ多能工的なスキルがあってこそ可能となる．

2. 海外事業展開とものづくり

(1) アメリカ企業の海外事業展開

　企業の海外への事業展開方法，それに伴う技術移転に関しては，日米で大きな違いがみられる．アメリカ企業が，本格的に海外事業展開を行ったのは，第2次大戦後である（Bartlett, C. A. and S. Ghoshal, 1989）．地理的にも広大な国内市場の存在がその大きな理由である．その海外事業展開における大きな特徴は，生産関連の海外直接投資による市場参入である．通常，海外市場参入に当たっては，未知の部分が多いため投資額が小さく，しかも現地環境に精通している業者を活用する方法から入り，現地環境に対する理解を深めてから投資額の多い生産投資に移行するのが一般的である．しかし，アメリカ企業の場合，輸出の期間が極めて短い，あるいは海外生産投資から始めるというパターンが多かった．これは，大戦後の基軸通貨としてのドルの強さと，圧倒的な技術力が，直接投資による市場参入を可能としていた．そのため，アメリカ製造業の産業空洞化は，早くも1960年代には発生しており（第1次産業空洞化），データの

入手できる1997年時点でも製造業全体での海外生産比率は，アメリカ27.7%である（日本の製造業全体では12.4%）．

このようなアメリカ企業の早い段階からの海外生産直接投資と高い海外生産比率は，先の要因のみならず，生産技術的側面での促進要因があると思われる．このことは，逆に同じく大戦後に国際展開を図った日本企業が，長期にわたり輸出による海外市場参入を行ってきたことをも説明する．

その要因とは，モジュラー型アーキテクチャと不熟練労働力を前提とした作業方法の標準化である．作業方法を形式知化（言葉やデータ，図表等で伝えることのできる知識にするマニュアル化）することで，技術移転を容易にしている．その背景には，先述のアメリカ工場管理の経営伝統がある．そのため，極端にいえば，そのマニュアルの言語を変え，そのマニュアルを海外生産工場に送るだけで生産知識の移転がなされる．このように，アメリカ企業の多国籍化（海外生産）が早期の段階で急速に進展したのには，アメリカ生産方式における作業の標準化，知識の形式知化を進めざるを得なかったという歴史的背景が存在している．また，モジュラー型のため，活動間の調整の必要性は比較的少なく，企業内国際分業（機能分業，工程間分業）を多くの国々で専門化して行っても問題は少ない．市場へのアクセスと各国の立地特殊優位を考慮した海外子会社の配置が可能となる．

(2) 日本的生産システムと技術移転

日本企業は，アメリカと異なり，戦後長い間輸出による海外市場へのアクセスを基本としてきた．2003年時点でも，海外生産比率は，製造業全体で15.5%，海外進出している企業（製造業）に限定しても29.8%である（経済産業省,2004）．さらには，2000年に入ってから工場の国内回帰現象も出てきた．周知のように1985年のプラザ合意以降，円高と貿易摩擦問題で日本のメーカーは海外に生産拠点をシフトしてきたが，輸出がまだ海外事業展開の主要な方法である点は否定できない．

日本企業が国内生産と輸出に依存してきたのには，いくつかの環境要因がある．プラザ合意以前は，相対的に円安傾向にあり，日本からの輸出に有利に作用した．また，戦後のガット（GATT）体制の下で自由貿易が推し進められてきたことも大きい．しかし，日本の生産システム上の要因も国内生産に基づく輸出という方法に作用したと考えられる．

　日本企業は，欧米先進国企業へのキャッチアップ戦略から出発した．欧米に追いつき追い越せというスローガンは，欧米企業が開発した製品をより良く，より安く，そして小型化することにより差異化を図ってきた．この成長戦略は，生産に軸足を置くものであり，生産のよしあしが勝負となる．「より良いものをより安く」生産するためには，企業内での製造品質のみならず，調達部品にも及ぶ．しかも部品在庫を極力圧縮するという無駄を省き（JIT：Just In Time），品質の安定した部品供給を求めることで検査に要するコストも圧縮する．さらに小型化するためには，組み立て工程でのワーカーのスキルのみならず，設計段階で部品点数の削減や，狭いスペースから生じる部品間の相互干渉という問題の解決に当たらねばならない．これらのことから，協力会社や系列下請けとよばれる部品メーカーと協力し，それらの問題解決にあたる．企業内の開発・設計，部品調達，生産，販売という機能横断的な問題解決のための仕組み（たとえば重量級プロダクト・マネジャー）だけではなく，部品メーカーとの稠密な関係をベースに日本的生産システムは構築されている．このような開発・調達・生産の仕組みは，水平的分業に適しているオープン・モジュラー型よりもクローズ・インテグラル型アーキテクチャに適している．国内で形成された企業内外の活動の集中化は，これら機能間およびサプライヤーとの調整を容易なものにする（Porter, M. E., 1986）．国内における部品サプライヤーとの稠密な関係が，日本企業の海外生産を制限する形で機能した．経営資源の観点からいえば，サプライヤーとの間の関係特殊的な資源が存在し，企業の強みがそこに存在するからである．

　これら日本的生産システムは，日本企業の海外生産工場への技術移転の困難

さの原因でもある．第1に，部品サプライヤーとの関係である．現地に品質，納期の面で相応の能力のある部品サプライヤーが存在しないと海外生産は困難になる．存在しなければ現地サプライヤーを育成するか日本国内の主要サプライヤーの現地進出を検討しなければならない．現地サプライヤーの育成には時間とコストがかかる．したがってどうしても機能や品質の面で鍵となる主要部品は，日本のサプライヤーから輸入するか，あるいは関税やローカル・コンテンツ規制によってそれが不可能であれば，そのサプライヤーに現地生産を要請することになる．クローズ・インテグラル型アーキテクチャのもとでメーカーとサプライヤーとの擦りあわせを国内で形成してきた日本企業は，そもそも高度に海外に活動を分散配置するには適していないといえる．

　第2には，移転すべき技術の特性である．アメリカ企業にとっては，その初期段階から知識やノウハウを形式知化する環境条件が存在したが，日本企業はそうではない．むしろ，現場での技能が要請され，そこでは現場体験を通じた勘やコツといった，言葉や数値では示せない要素を多分に含んでいる．日本企業が教育訓練でOJT（On the Job Training）を重視してきたのもそのためである．このような知識を暗黙知というが，これを移転するのは，なかなか難しい．マニュアルを送れば済むというわけにはいかない．一定時間の経験と，多くの技術者や技能者を派遣し，OJTを通じて技能を伝えるという手間がかかるのである．しかし，海外では多くの国でジョブ・ホッピング（有利な条件があればすぐに転職する）が頻繁になされ，時間をかけた人材養成が困難な側面もある．このようにみると，日本企業は，海外に生産拠点を分散配置して国際分業を行うには，高いコストがかかるといえる．しかし，品質の良さを武器に戦うには，これは避けられないコストとなる．同じ中国製でも日本企業が作ったものと中国企業が作ったものでは値段が違う，というのはこの移転コストや調整コストの存在である．したがって，インテグラル型を得意とする企業は，ある地域内で部門間およびサプライヤーとの調整を容易にする形態が適しているといえる．

3. 垂直立ち上げと垂直統合的組織

　1990年代は，アウトソーシング，ファブレス企業が成長し，水平的分業型の専門型企業と市場取引の優位性が喧伝されてきた．しかしよくみると，その業界は，パソコンやIT関係のいわゆるオープン・モジュール型が適した製品である．インテグラル型では，水平的分業ではなく，垂直的分業の統合型組織で優れた組織能力を発揮したトヨタは好調であった．また，今世紀に入って，デジタル・カメラに続き，薄型テレビ（液晶，PDPなど）やDVDレコーダーなどデジタル家電で日本企業も復活を遂げてきた．これらデジタル家電は，モジュール型製品とみられがちであるが，現在ではインテグラル型の要素が強く，統合型組織が適している側面が強い．

　これらデジタル家電の特徴は，成長率は高いが，製品ライフサイクルが極めて短く，短期に新モデルの投入が必要とされる．しかも，新モデル投入効果で価格が維持できるのはさらに短い．そしてさらに成長ビジネスだけあって業界の競争企業も多く，価格競争も激しい．このようなことから一見すると，メーカーは，開発に特化し，必要に応じて部品を調達し，さらには組み立てもアウトソーシングした方が有利に思える．デスクトップ・パソコンはそのような状況になっている．ところが，これらのデジタル家電では，部品の内製化が高い企業で業績が良い．デジタル・カメラのキヤノン，液晶テレビのシャープ，プラズマテレビの松下電器産業などである．それはなぜだろうか．

　これらの企業に共通していえるのは，新モデル導入効果が短期化しているため，その導入に当たっていかに短期に生産量を増やし，価格下落前に製品を市場に供給する体制を整えるかということに力を入れていることである．図表12－1が示すように，実勢価格が下がってから供給量が増えても，利益は出ない（投入数量b）．実勢価格が高いうちに供給し，販売機会を逃さず，利益を多く得ることが勝負となる（投入数量a）．これを「垂直立ち上げ」という．そのためには，「開発リードタイムをいかに短縮するか」「市場投入時まで量産

第12章 日本的技術経営

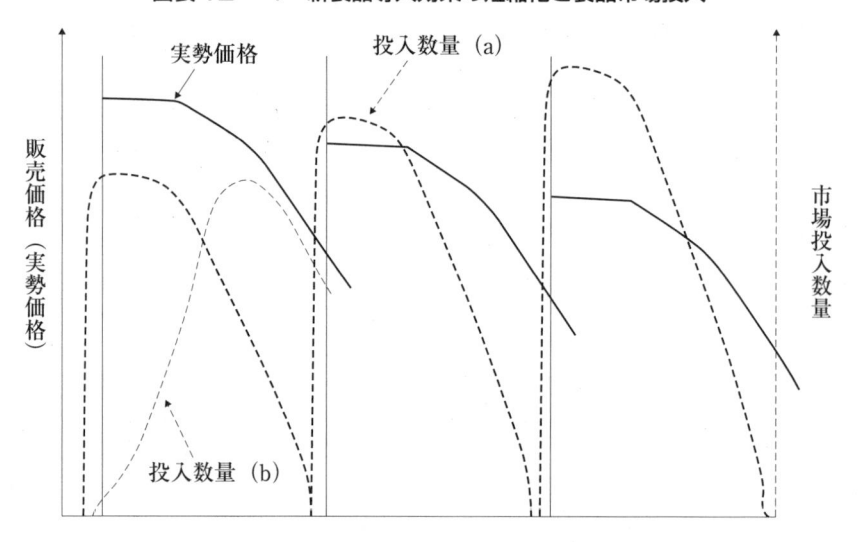

図表12－1　新製品導入効果の短縮化と製品市場投入

（縦軸左）販売価格（実勢価格）
（縦軸右）市場投入数量

ラベル：実勢価格、投入数量（a）、投入数量（b）

化体制に入れるか」「いかに歩留まりを良くするか」という問題を解決することが必要となる（後藤，2005）．これらの問題の解決には，垂直的な統合組織が適している．

　まず，成長率の高い事業分野では，必要な部品の調達が不可欠となる．とりわけ製品の品質や機能を左右する部材の入手可能性は市場に投入可能な数量に影響する．また，それらキーデバイスがサプライヤー1社独占の状況になると，その部品の交渉力がサプライヤー寄りになるために，その部品の取引コストにも影響する．たとえば，ソニーが薄型テレビで乗り遅れた理由として，ブラウン管テレビでの強さ（トリニトロン方式）の影響もあるが，液晶を外部調達に頼ったため，必要な液晶の入手困難さがあったといわれている．それを避けるためにはキーデバイスを中心とした部品の内製化，グループ内内製化あるいは協力会社による安定供給が有利となる．

　また，開発リードタイムを短縮し，量産化までを短期にもっていくためには，製品開発，キーデバイス製造，組み立て生産の各分野での協力が必要となる．

歩留まり良く垂直的に生産を立ち上げるためには，問題をあらかじめつぶしておく必要があり，それらの活動間での情報共有や部品間の相互干渉をなくし，組立工程を考えた詳細設計が必要となり，「擦り合わせ」が必要となるからである．このような連携は，企業間よりも企業内部の方が有利であり，また企業間でも独立企業間よりもグループ内，あるいは長期取引関係に基づく信頼関係を有する協力会社との方がとりやすい．技術漏出のような機会主義的行動が抑制されるからである．このことは，最近の「ブラックボックス戦略」とも一致している．

さらに，新モデルを開発しても，その業界での競争により，前モデルよりも販売価格が低くなる傾向にある（図表12－1参照）．その販売価格をなるべく低下させないような新モデルの開発が望ましいが，成長期における市場競争では価格競争は避けられない．つまり，新モデルではどのようにコストを下げるかが開発のもうひとつのポイントとなる．デジタル家電では，部品点数を減らし，部品調達（製造）コスト，組み立てコストを下げようとする．たとえば，パナソニックDVDレコーダーの場合，2000年の初代モデルの部品点数を100とすると，2004年モデルでは36である（後藤，2005：41）．これはキーデバイスの内製化とともに先の部門間の協力なしには実現できない．さらにキヤノンでは，国内回帰の方向性を打ち出すとともに，キーデバイスの自社開発と内製化を高めるとともに，生産装置の自社開発，生産自動化に向けての技術開発も行っている．

もちろん，このようなクローズ的な垂直統合化はリスクも大きい．技術が成熟化し，コモディティ化すると，優位性はよりオープンな水平的分業型の企業に移行する．いわゆる「統合型組織の罠」である．また，薄型テレビにせよ，DVDレコーダーにせよ，新技術（SEDや有機EL方式のテレビ，次世代DVDレコーダーのデファクト）により業界地図が一変する可能性もある（現在の競争は一手で逆転する「オセロゲーム」ともいわれる）．しかし，日本企業にとっては，最先端技術の開発のみならず，生産技術，生産現場との連携にその

競争力の源泉があることは確かであろう．

> **演・習・問・題**
>
> 問1 日本企業が国際競争力を有する製品とはどのような特徴を有しているものが多いだろうか．
> 問2 「より良いものをより安く」というのが日本企業の戦略上の特徴であったが，そこで発生する「過剰品質」とはなにか．具体的に考えてみよう．
> 問3 デル・コンピュータは水平的分業型の企業なのか，同社の強みと併せて検討してみよう．

参考文献

Bartlett, C. A. and S. Ghoshal (1989) *Managing Across Borders*, Harvard Business School Press. (吉原英樹監訳『地球市場時代の企業戦略』日本経済新聞社，1990年)

Porter, M. E. (1986) *Competition in Global Industries*, Harvard Businesss School Press. (土岐ほか訳『グローバル企業の競争戦略』ダイヤモンド社，1989年)

藤本隆宏 (2004)『日本のもの造り哲学』日本経済新聞社
後藤康弘 (2005)『勝つ工場：モノづくりの新日本モデル』日本経済新聞社
経済産業省 (2004)『第34回海外事業活動基本調査』独立行政法人国立印刷局
茂垣広志 (2001)『グローバル戦略経営』学文社
岡本康雄 (1985)「技術革新と経営戦略」岡本康雄・若杉敬明編『技術革新と企業行動』東京大学出版会

《推薦図書》

1. 後藤康弘 (2005)『勝つ工場：モノづくりの新日本モデル』日本経済新聞社
   徹底した取材に基づく日本企業の生産現場の最先端を描いた好著．

2. Huge, E. C. and A. D. Anderson (1987) *The Spirit of Manufacturing Excellence*, Irwin Professional Pub. (小林薫訳『かくして日米製造業は再逆転した：米国競争力を読みがえらせた日本研究』日刊工業新聞社，1995年)

当時アメリカが日本企業から何を学び製造業復権を成し遂げようとしたのかを解明.
3. 安室健一（2003）『徹底検証　中国企業の競争力』日本経済新聞社
中国企業について現地調査に基づき将来を展望.

索　引

あ行

IE　10
ISO　16
IT　48
アメリカ型技術経営　47
R&D　5
EMS　36, 162
イノベーション・マネジメント　7
イノベーション能力　132
イノベーションの普及モデル　136
インクリメンタル・イノベーション　178
インターフェース　163
インテグラル型製品アーキテクチャ　164
ウィンドウ（機会の窓）戦略　54
A&D　13
M&A　50
MFP　130
MOT　3
MBA　4
MBWA　4
エンジニアリング・マネジメント　5
OEM　162
オープン・アーキテクチャ　164
オープン・イノベーション　85

か行

海外研究所　21
カイゼン　163
開発　9
外部委託　162
科学　8
革新者　136
カニバリゼーション　83
関連特許　16
技術　7
技術移転　62
　──促進法　64
技術供与　14
技術経営　3
技術創造立国　10
技術提携　50, 51, 53
技術導入　14
基礎研究　73
基礎研究所　96
キーデバイス　168
キャズム　137
QC（品質管理）　177
　──サークル　177
グローバル技術戦略　21
グローバル・スタンダード　17
クローズアーキテクチャ　164
クロスファンクショナルチーム　102
クロス・ライセンス　22
研究　9
研究開発ポートフォリオ　79, 81
研究評価会議　116
現場・現物主義　168
現場主義　177
現場力　47
権利化による市場コントロール　138
コア技術　8
互換性部品制度　176
顧客満足　161
国際出願制度　15
国際特許分類（IPC）　151
コーポレート・ラボ　93
コントラクト・リサーチ　51

さ行

サムライカーブ　38
産学連携　61
C&D　13
シーズ　33
市場の育成　138
実施権　15
実施料（Royalty）　15
シナジー効果　53
死の谷　49, 82
自前主義　53
社内ベンチャー　85
収益法　146
周辺特許　16
重量級プロダクト・マネジャー　102
障害特許　153
初期採用者　136
職務発明　119
シンクロナイズド・エンジニアリング　32
人的資本　128
垂直立ち上げ　183
スマイルカーブ　36
擦り合わせ　164
生産技術　8
生産性のジレンマ　83
製品アーキテクチャ　163
製品技術　8
製品のコモディティ化　165
世界知的所有機関（WIPO）　15
責務相反　63
先願主義　15
前期多数派　136
先発明主義　15
専門職制度　121
専有可能性　33

189

索　引

総合化能力　37
操作・保全技術　9
創造性　110
組織能力　170
ソフト特許　15

た行

第3世代のR&D　5
ダーウィンの海　49
脱自前主義　53
多能工化　168, 177
探究心　110
知的財産　127, 128
　——基本法　127
　——権　144
　——サイクル　132
　——部門　134
　——マネジメント　134
知的資本　128
中央研究所　96
TLO　63
ディビジョン・ラボ　93
テクノロジー・ドリブン　33
テクノロジー・プッシュ　76
デザイン・イン　32
デジタルの罠　37
デファクト・スタンダード　16
独占禁止法　143
特許権　145
特許権利化　149, 154
特許出願　15, 155
特許情報　149
特許成立率　16
特許調査　150

な行

ニーズ　33
日本的生産システム　181

年齢限界説　121

は行

バイオ特許　15
発明報酬　119
ビジネス・モデル特許　15
品質管理　177
ファブレス　36
ブラックボックス戦略　41
プロジェクト組織　99
プロセス・イノベーション　30, 47
プロダクト・イノベーション　30
プロダクト・マネジャー　169
プロパテント政策　6
補完的資産　85
保守的停滞者　137

ま行

マイルストン　116
マーケット・ドリブン　33
マーケット・プル　76
マトリクス組織　99
無形資産　127
ムサシカーブ　38
メイド・イン・アメリカ　4
モジュラー型アーキテクチャ　164
ものづくり　162

ら行

ライセンシング　52
　——・アウト　22
　——・イン　22
ライン組織　99
利益相反　63
リエゾンオフィス　26
リニアモデル　32, 60, 75
リバースエンジニアリング　42
連鎖モデル　32, 76

190

編著者紹介

根本 孝（ねもと　たかし）
明治大学経営学部教授
明治大学大学院経営学研究科博士後期課程単位取得
国際経営論・人事管理・経営管理専攻
『ラーニング組織の再生』同文舘, 2005年
『グローカル経営』（編著）同文舘, 2004年
『グローバル技術戦略論』同文舘, 1990年

歌代 豊（うたしろ　ゆたか）
明治大学経営学部助教授
筑波大学大学院経営・政策科学研究科修士課程修了
経営戦略論・戦略マネジメント・IT経営専攻
経営情報学会理事　三菱総合研究所客員研究員
「情報ネットワークと企業間コーディネーション〜ECは企業間関係をどのように変えるか」『企業会計』Vol. 50, No. 3, 1998年3月
「アーキテクチャ創造企業の萌芽〜スタンダード競争からアーキテクチャ競争へ」『三菱総合研究所所報』No. 42, 2003年11月
「製品開発プロジェクトとPBSC」小原重信・浅田孝幸・鈴木研一編『プロジェクト・バランス・スコアカード』所収, 生産性出版, 2004年

マネジメント基本全集6　技術経営（テクノロジー）
技術戦略とMOT

2006年3月10日　第一版第一刷発行

編著者　根本　孝
　　　　歌代　豊
監修者　根本　孝
　　　　茂垣広志
発行者　田中千津子

発行所　株式会社　学文社

〒153-0064　東京都目黒区下目黒3-6-1
電話(3715)1501代・振替00130-9-98842

（落丁・乱丁の場合は本社でお取替します）　　　・検印省略
（定価はカバーに表示してあります）　印刷/新灯印刷株式会社
©2006 Nemoto Takashi & Utashiro Yutaka　Printed in Japan　ISBN4-7620-1491-5